最新法律文件解读丛书

刑 事
法律文件解读

XINGSHI FALÜ WENJIAN JIEDU

人民法院出版社 编

总第225辑 2024.03

人民法院出版社

图书在版编目（CIP）数据

刑事法律文件解读. 总第225辑 / 人民法院出版社编. 北京 : 人民法院出版社, 2024. 7. -- (最新法律文件解读丛书). -- ISBN 978-7-5109-4201-3

Ⅰ. D924.05; D925.205

中国国家版本馆CIP数据核字第202472HU87号

刑事法律文件解读·总第225辑

人民法院出版社 编

责任编辑	杨晓燕
出版发行	人民法院出版社
地　　址	北京市东城区东交民巷27号　邮编　100745
电　　话	（010）67550508（责任编辑）　67550558（发行部查询） 65223677（读者服务部）
客服QQ	2092078039
网　　址	http://www.courtbook.com.cn
E - mail	courtbook@sina.com
印　　刷	三河市国英印务有限公司
经　　销	新华书店
开　　本	787毫米×1092毫米　1/16
字　　数	115千字
印　　张	8
版　　次	2024年7月第1版　　2024年7月第1次印刷
书　　号	ISBN 978-7-5109-4201-3
定　　价	28.00元

卷首语

2024年2月27日，国家主席习近平签署第20号主席令，公布了第十四届全国人大常委会第八次会议修订通过的保守国家秘密法，自2024年5月1日起施行。保守国家秘密法的修订颁布，是我国保密法治建设进程中一个新的里程碑，为保护国家秘密安全，更好维护国家主权、安全、发展利益提供了坚强法治保障。本辑重点收录了保守国家秘密法的审议结果、修改意见、解读文章等相关内容，为读者呈现完整的修法过程。同时，本辑还收录了《最高人民法院、最高人民检察院、公安部关于办理医保骗保刑事案件若干问题的指导意见》及其解读文章，以便办理相关刑事案件的人员在司法实践中正确理解与适用该意见。

“地方司法业务文件与解读”栏目收录了《广东省法律援助条例》及其解读文章；“指导案例、典型案例与解读”栏目收录了《最高人民检察院关于印发最高人民检察院第五十批指导性案例的通知》和最高人民法院发布的《关于依法惩治医保骗保犯罪典型案例》，供相关领域工作人员在审理类似案件时借鉴参考。

此外，“司法实务问题研究”栏目收录了《交通肇事罪“逃逸”之体系解释——对“附随义务说”之提倡》，该文对交通肇事罪中作为法定刑升格条件之二“逃逸”进行了体系解释，便于读者学习交流。

最新法律文件解读丛书
编　辑　部

兰丽专　（010）67550626

丁丽娜　（010）67550608

杨晓燕　（010）67550508

杨　洁　（010）67550562

路建华　（010）67550660

赵杰琼　（010）67550656

投稿邮箱：

《刑事法律文件解读》　5184621@ qq. com

《民事法律文件解读》　1216921515@ qq. com

《商事法律文件解读》　shangshijiedu@ 126. com

《行政与执行法律文件解读》　1092123089@ qq. com

目录

法律、法律性文件与解读

司法解释、司法指导性文件与解读

地方司法业务文件与解读

指导案例、典型案例与解读

司法实务问题研究

法律、法律性文件与解读

中华人民共和国保守国家秘密法

（1988年9月5日第七届全国人民代表大会常务委员会第三次会议通过 2010年4月29日第十一届全国人民代表大会常务委员会第十四次会议第一次修订 2024年2月27日第十四届全国人民代表大会常务委员会第八次会议第二次修订）

目　　录

第一章　总　　则

第一条　为了保守国家秘密，维护国家安全和利益，保障改革开放和社会主义现代化建设事业的顺利进行，根据宪法，制定本法。

第二条　国家秘密是关系国家安全和利益，依照法定程序确定，在一定时间内只限一定范围的人员知悉的事项。

第三条　坚持中国共产党对保守国家秘密（以下简称保密）工作的领导。中央保密工作领导机构领导全国保密工作，研究制定、指导实施国家保密工作战略和重大方针政策，统筹协调国家保密重大事项和重要工作，推进国家保密法治建设。

第四条　保密工作坚持总体国家安全观，遵循党管保密、依法管理，积极防范、突出重点，技管并重、创新发展的原则，既确保国家秘密安全，又便利信息资源合理利用。

法律、行政法规规定公开的事项，应当依法公开。

第五条　国家秘密受法律保护。

一切国家机关和武装力量、各政党和各人民团体、企业事业组织和其他社会组织以及公民都有保密的义务。

任何危害国家秘密安全的行为，都必须受到法律追究。

第六条　国家保密行政管理部门主管全国的保密工作。县级以上地方各级保密行政管理部门主管本行政区域的保密工作。

第七条　国家机关和涉及国家秘密的单位（以下简称机关、单位）管理本机关和本单位的保密工作。

中央国家机关在其职权范围内管理或者指导本系统的保密工作。

第八条　机关、单位应当实行保密工作责任制，依法设置保密工作机构或者指定专人负责保密工作，健全保密管理制度，完善保密防护措施，开展保密宣传教育，加强保密监督检查。

第九条　国家采取多种形式加强保密宣传教育，将保密教育纳入国民教育体系和公务员教育培训体系，鼓励大众传播媒介面向社会进行保密宣传教育，普及保密知识，宣传保密法治，增强全社会的保密意识。

第十条　国家鼓励和支持保密科学技术研究和应用，提升自主创新能力，依法保护保密领域的知识产权。

第十一条　县级以上人民政府应当将保密工作纳入本级国民经济和社会发展规划，所需经费列入本级预算。

机关、单位开展保密工作所需经费应当列入本机关、本单位年度预算或者年度收支计划。

第十二条 国家加强保密人才培养和队伍建设，完善相关激励保障机制。

对在保守、保护国家秘密工作中做出突出贡献的组织和个人，按照国家有关规定给予表彰和奖励。

第二章 国家秘密的范围和密级

第十三条 下列涉及国家安全和利益的事项，泄露后可能损害国家在政治、经济、国防、外交等领域的安全和利益的，应当确定为国家秘密：

（一）国家事务重大决策中的秘密事项；

（二）国防建设和武装力量活动中的秘密事项；

（三）外交和外事活动中的秘密事项以及对外承担保密义务的秘密事项；

（四）国民经济和社会发展中的秘密事项；

（五）科学技术中的秘密事项；

（六）维护国家安全活动和追查刑事犯罪中的秘密事项；

（七）经国家保密行政管理部门确定的其他秘密事项。

政党的秘密事项中符合前款规定的，属于国家秘密。

第十四条 国家秘密的密级分为绝密、机密、秘密三级。

绝密级国家秘密是最重要的国家秘密，泄露会使国家安全和利益遭受特别严重的损害；机密级国家秘密是重要的国家秘密，泄露会使国家安全和利益遭受严重的损害；秘密级国家秘密是一般的国家秘密，泄露会使国家安全和利益遭受损害。

第十五条 国家秘密及其密级的具体范围（以下简称保密事项范围），由国家保密行政管理部门单独或者会同有关中央国家机关规定。

军事方面的保密事项范围，由中央军事委员会规定。

保密事项范围的确定应当遵循必要、合理原则，科学论证评估，并根据情况变化及时调整。保密事项范围的规定应当在有关范围内公布。

第十六条 机关、单位主要负责人及其指定的人员为定密责任人，负责本机关、本单位的国家秘密确定、变更和解除工作。

机关、单位确定、变更和解除本机关、本单位的国家秘密，应当由承办人提出具体意见，经定密责任人审核批准。

第十七条 确定国家秘密的密级，应当遵守定密权限。

中央国家机关、省级机关及其授权的机关、单位可以确定绝密级、机密级和秘密级国家秘密；设区的市级机关及其授权的机关、单位可以确定机密级和秘密级国家秘密；特殊情况下无法按照上述规定授权定密的，国家保密行政管理部门或者省、自治区、直辖市保密行政管理部门可以授予机关、单位定密权限。具体的定密权限、授权范围由国家保密行政管理部门规定。

下级机关、单位认为本机关、本单位产生的有关定密事项属于上级机关、单位的定密权限，应当先行采取保密措施，并立即报请上级机关、单位确定；没有上级机关、单位的，应当立即提请有相应定密权限的业务主管部门或者保密行政管理部门确定。

公安机关、国家安全机关在其工作范围内按照规定的权限确定国家秘密的密级。

第十八条 机关、单位执行上级确定的国家秘密事项或者办理其他机关、单位确定的国家秘密事项，需要派生定密的，应当根据所执行、办理的国家秘密事项的密级确定。

第十九条 机关、单位对所产生的国家秘密事项，应当按照保密事项范围的规定确定密级，同时确定保密期限和知悉范围；有条件的可以标注密点。

第二十条 国家秘密的保密期限，应当根据事项的性质和特点，按照维护国家安全和利益的需要，限定在必要的期限内；不能确定期限的，应当确定解密的条件。

国家秘密的保密期限，除另有规定外，绝密级不超过三十年，机密级不超过二十年，秘密级不超过十年。

机关、单位应当根据工作需要，确定具体的保密期限、解密时间或者解密条件。

机关、单位对在决定和处理有关事项工作过程中确定需要保密的事项，根据工作需要决定公开的，正式公布时即视为解密。

第二十一条 国家秘密的知悉范围，应当根据工作需要限定在最小范围。

国家秘密的知悉范围能够限定到具体人员的，限定到具体人员；不能限定到具体人员的，限定到机关、单位，由该机关、单位限定到具体人员。

国家秘密的知悉范围以外的人员，因工作需要知悉国家秘密的，应当经过机关、单位主要负责人或者其指定的人员批准。原定密机关、单位对扩大国家秘密的知悉范围有明确规定的，应当遵守其规定。

第二十二条 机关、单位对承载国家秘密的纸介质、光介质、电磁介质等载体（以下简称国家秘密载体）以及属于国家秘密的设备、产品，应当作出国家秘密标志。

涉及国家秘密的电子文件应当按照国家有关规定作出国家秘密标志。

不属于国家秘密的，不得作出国家秘密标志。

第二十三条 国家秘密的密级、保密期限和知悉范围，应当根据情况变化及时变更。国家秘密的密级、保密期限和知悉范围的变更，由原定密机关、单位决定，也可以由其上级机关决定。

国家秘密的密级、保密期限和知悉范围变更的，应当及时书面通知知悉范围内的机关、单位或者人员。

第二十四条 机关、单位应当每年审核所确定的国家秘密。

国家秘密的保密期限已满的，自行解密。在保密期限内因保密事项范围调整不再作为国家秘密，或者公开后不会损害国家安全和利益，不需要继续保密的，应当及时解密；需要延长保密期限的，应当在原保密期限届满前重新确定密级、保密期限和知悉范围。提前解密或者延长保密期限的，由原定密机关、单位决定，也可以由其上级机关决定。

第二十五条 机关、单位对是否属于国家秘密或者属于何种密级不明确或者有争议的，由国家保密行政管理部门或者省、自治区、直辖市保密行政管理部门按照国家保密规定确定。

第三章 保密制度

第二十六条 国家秘密载体的制作、收发、传递、使用、复制、保存、维修和销毁，应当符合国家保密规定。

绝密级国家秘密载体应当在符合国家保密标准的设施、设备中保存，并指定专人管理；未经原定密机关、单位或者其上级机关批准，不得复制和摘抄；收发、传递和外出携带，应当指定人员负责，并采取必要的安全措施。

第二十七条 属于国家秘密的设备、产品的研制、生产、运输、使用、保存、维修和销毁，应当符合国家保密规定。

第二十八条 机关、单位应当加强对国家秘密载体的管理，任何组织和个人不得有下列行为：

（一）非法获取、持有国家秘密载体；

（二）买卖、转送或者私自销毁国家秘密载体；

（三）通过普通邮政、快递等无保密措施的渠道传递国家秘密载体；

（四）寄递、托运国家秘密载体出境；

（五）未经有关主管部门批准，携带、传递国家秘密载体出境；

（六）其他违反国家秘密载体保密规定的行为。

第二十九条 禁止非法复制、记录、存储国家秘密。

禁止未按照国家保密规定和标准采取有效保密措施，在互联网及其他公共信息网络或者有线和无线通信中传递国家秘密。

禁止在私人交往和通信中涉及国家秘密。

第三十条 存储、处理国家秘密的计算机信息系统（以下简称涉密信息系统）按照涉密程度实行分级保护。

涉密信息系统应当按照国家保密规定和标准规划、建设、运行、维护，并配备保密设施、设备。保密设施、设备应当与涉密信息系统同步规划、同步建设、同步运行。

涉密信息系统应当按照规定，经检查合格后，方可投入使用，并定期开展风险评估。

第三十一条 机关、单位应当加强对信息系统、信息设备的保密管理，建设保密自监管设施，及时发现并处置安全保密风险隐患。任何组织和个人不得有下列行为：

（一）未按照国家保密规定和标准采取有效保密措施，将涉密信息系统、涉密信息设备接入互联网及其他公共信息网络；

（二）未按照国家保密规定和标准采取有效保密措施，在涉密信息系统、涉密信息设备与互联网及其他公共信息网络之间进行信息交换；

（三）使用非涉密信息系统、非涉密信息设备存储或者处理国家秘密；

（四）擅自卸载、修改涉密信息系统的安全技术程序、管理程序；

（五）将未经安全技术处理的退出使用的涉密信息设备赠送、出售、丢弃或者改作其他用途；

（六）其他违反信息系统、信息设备保密规定的行为。

第三十二条 用于保护国家秘密的安全保密产品和保密技术装备应当符合国家保密规定和标准。

国家建立安全保密产品和保密技术装备抽检、复检制度，由国家保密行政管理部门设立或者授权的机构进行检测。

第三十三条 报刊、图书、音像制品、电子出版物的编辑、出版、印制、发行，广播节目、电视节目、电影的制作和播放，网络信息的制作、复制、发布、传播，应当遵守国家保密规定。

第三十四条 网络运营者应当加强对其用户发布的信息的管理，配合监察机关、保密行政管理部门、公安机关、国家安全机关对涉嫌泄露国家秘密案件进行调查处理；发现利用互联网及其他公共信息网络发布的信息涉嫌泄露国家秘密的，应当立即停止传输该信息，保存有关记录，向保密行政管理部门或者公安机关、国家安全机关报告；应当根据保密行政管理部门或者公安机关、国家安全机关的要求，删除涉及泄露国家秘密的信息，并对有关设备进行技术处理。

第三十五条 机关、单位应当依法对拟公开的信息进行保密审查，遵守国家保密规定。

第三十六条 开展涉及国家秘密的数据处理活动及其安全监管应当符合国家保密规定。

国家保密行政管理部门和省、自治区、直辖市保密行政管理部门会同有关主管部门建立安全保密防控机制，采取安全保密防控措施，防范数据汇聚、关联引发的泄密风险。

机关、单位应当对汇聚、关联后属于国家秘密事项的数据依法加强安全管理。

第三十七条 机关、单位向境外或者向境外在中国境内设立的组织、机构提供国家秘密，任用、聘用的境外人员因工作需要知悉国家秘密的，按照国家有关规定办理。

第三十八条 举办会议或者其他活动涉及国家秘密的，主办单位应当采取保密措施，并对参加人员进行保密教育，提出具体保密要求。

第三十九条 机关、单位应当将涉及绝密级或者较多机密级、秘密级国家秘密的机构确定为保密要害部门，将集中制作、存放、保管国家秘密载体的专门场所确定为保密要害部位，按照国家保密规定和标准配备、使用必要的技术防护设施、设备。

第四十条 军事禁区、军事管理区和属于国家秘密不对外开放的其他场所、部位，应当采取保密措施，未经有关部门批准，不得擅自决定对外开放或者扩大开放范围。

涉密军事设施及其他重要涉密单位周边区域应当按照国家保密规定加强保密管理。

第四十一条 从事涉及国家秘密业务的企业事业单位，应当具备相应的保密管理能力，遵守国家保密规定。

从事国家秘密载体制作、复制、维修、销毁，涉密信息系统集成，武器装备科研生产，或者涉密军事设施建设等涉及国家秘密业务的企业事业单位，应当经过审查批准，取得保密资质。

第四十二条 采购涉及国家秘密的货物、服务的机关、单位，直接涉及国家秘密的工程建设、设计、施工、监理等单位，应当遵守国家保密规定。

机关、单位委托企业事业单位从事涉及国家秘密的业务，应当与其签订保密协议，提出保密要求，采取保密措施。

第四十三条 在涉密岗位工作的人员（以下简称涉密人员），按照涉密程度分为核心涉密人员、重要涉密人员和一般涉密人员，实行分类管理。

任用、聘用涉密人员应当按照国家有关规定进行审查。

涉密人员应当具有良好的政治素质和品行，经过保密教育培训，具备胜任涉密岗位的工作能力和保密知识技能，签订保密承诺书，严格遵守国家保密规定，承担保密责任。

涉密人员的合法权益受法律保护。对因保密原因合法权益受到影响和限制的涉密人员，按照国家有关规定给予相应待遇或者补偿。

第四十四条 机关、单位应当建立健全涉密人员管理制度，明确涉密人员的权利、岗位责任和要求，对涉密人员履行职责情况开展经常性的监督检查。

第四十五条 涉密人员出境应当经有关部门批准，有关机关认为涉密人员出境将对国家安全造成危害或者对国家利益造成重大损失的，不得批准出境。

第四十六条 涉密人员离岗离职应当遵守国家保密规定。机关、单位应当开展保密教育提醒，清退国家秘密载体，实行脱密期管理。涉密人员在脱密期内，不得违反规定就业和出境，不得以任何方式泄露国家秘密；脱密期结束后，应当遵守国家保密规定，对知悉的国家秘密继续履行保密义务。涉密人员严重违反离岗离职及脱密期国家保密规定的，机关、单位应当及时报告同级保密行政管理部门，由保密行政管理部门会同有关部门依法采取处置措施。

第四十七条 国家工作人员或者其他公民发现国家秘密已经泄露或者可能泄露时，应当立即采取补救措施并及时报告有关机关、单位。机关、单位接到报告后，应当立即作出处理，并及时向保密行政管理部门报告。

第四章 监督管理

第四十八条 国家保密行政管理部门依照法律、行政法规的规定，制定保密规章和国家保密标准。

第四十九条 保密行政管理部门依法组织开展保密宣传教育、保密检查、保密技术防护、保密违法案件调查处理工作，对保密工作进行指导和监督管理。

第五十条 保密行政管理部门发现国家秘密确定、变更或者解除不当的，应当及时通知有关机关、单位予以纠正。

第五十一条 保密行政管理部门依法对机关、单位遵守保密法律法规和相关制度的情况进行检查；涉嫌保密违法的，应当及时调查处理或者组织、督促有关机关、单位调查处理；涉嫌犯罪的，应当依法移送监察机关、司法机关处理。

对严重违反国家保密规定的涉密人员，保密行政管理部门应当建议有关机关、单位将其调离涉密岗位。

有关机关、单位和个人应当配合保密行政管理部门依法履行职责。

第五十二条 保密行政管理部门在保密检查和案件调查处理中，可以依法查阅有关材料、询问人员、记录情况，先行登记保存有关设施、设备、文件资料等；必要时，可以进行保密技术检测。

保密行政管理部门对保密检查和案件调查处理中发现的非法获取、持有的国家秘密载体，应当予以收缴；发现存在泄露国家秘密隐患的，应当要求采取措施，限期整改；对存在泄露国家秘密隐患的设施、设备、场所，应当责令停止使用。

第五十三条 办理涉嫌泄露国家秘密案件的机关，需要对有关事项是否属于国家秘密、属于何种密级进行鉴定的，由国家保密行政管理部门或者省、自治区、直辖市保密行政管理部门鉴定。

第五十四条 机关、单位对违反国家保密规定的人员不依法给予处分的，保密行政管理部门应当建议纠正；对拒不纠正的，提请其上一级机关或者监察机关对该机关、单位负有责任的领导人员和直接责任人员依法予以处理。

第五十五条 设区的市级以上保密行政管理部门建立保密风险评估机制、监测预警制度、应急处置制度，会同有关部门开展信息收集、分析、通报工作。

第五十六条 保密协会等行业组织依照法律、行政法规的规定开展活动，推动行业自律，促进行业健康发展。

第五章　法律责任

第五十七条 违反本法规定，有下列情形之一，根据情节轻重，依法给予处分；有违法所得的，没收违法所得：

（一）非法获取、持有国家秘密载体的；

（二）买卖、转送或者私自销毁国家秘密载体的；

（三）通过普通邮政、快递等无保密措施的渠道传递国家秘密载体的；

（四）寄递、托运国家秘密载体出境，或者未经有关主管部门批准，携带、传递国家秘密载体出境的；

（五）非法复制、记录、存储国家秘密的；

（六）在私人交往和通信中涉及国家秘密的；

（七）未按照国家保密规定和标准采取有效保密措施，在互联网及其他公共信息网络或者有线和无线通信中传递国家秘密的；

（八）未按照国家保密规定和标准采取有效保密措施，将涉密信息系统、涉密信息设备接入互联网及其他公共信息网络的；

（九）未按照国家保密规定和标准采取有效保密措施，在涉密信息系统、涉密信息设备与互联网及其他公共信息网络之间进行信息交换的；

（十）使用非涉密信息系统、非涉密信息设备存储、处理国家秘密的；

（十一）擅自卸载、修改涉密信息系统的安全技术程序、管理程序的；

（十二）将未经安全技术处理的退出使用的涉密信息设备赠送、出售、丢弃或者改作其他用途的；

（十三）其他违反本法规定的情形。

有前款情形尚不构成犯罪，且不适用处分的人员，由保密行政管理部门督促其所在机关、单位予以处理。

第五十八条 机关、单位违反本法规定，发生重大泄露国家秘密案件的，依法对直接负责的主管人员和其他直接责任人员给予处分。不适用处分的人员，由保密行政管理部门督促其主管部门予以处理。

机关、单位违反本法规定，对应当定密的事项不定密，对不应当定密的事项定密，或者未履行解密审核责任，造成严重后果的，依法对直接负责的主管人员和其他直接责任人员给予处分。

第五十九条 网络运营者违反本法第三十四条规定的，由公安机关、国家安全机关、电信主管部门、保密行政管理部门按照各自职责分工依法予以处罚。

第六十条 取得保密资质的企业事业单位违反国家保密规定的，由保密行政管理部门责令限期整改，给予警告或者通报批评；有违法所得的，没收违法所得；情节严重的，暂停涉密业务、降低资质等级；情节特别严重的，吊销保密资质。

未取得保密资质的企业事业单位违法从事本法第四十一条第二款规定的涉密业务的，由保密行政管理部门责令停止涉密业务，给予警告或者通报批评；有违法所得的，没收违法所得。

第六十一条 保密行政管理部门的工作人员在履行保密管理职责中滥用职权、玩忽职守、徇私舞弊的，依法给予处分。

第六十二条 违反本法规定，构成犯罪的，依法追究刑事责任。

第六章 附 则

第六十三条 中国人民解放军和中国人民武装警察部队开展保密工作的具体规定，由中央军事委员会根据本法制定。

第六十四条 机关、单位对履行职能过程中产生或者获取的不属于国家秘密但泄露后会造成一定不利影响的事项，适用工作秘密管理办法采取必要的保护措施。工作秘密管理办法另行规定。

第六十五条 本法自2024年5月1日起施行。

全国人民代表大会宪法和法律委员会

关于《中华人民共和国保守国家秘密法（修订草案）》审议结果的报告

（2024年2月26日）

全国人民代表大会常务委员会：

常委会第六次会议对保守国家秘密法修订草案进行了初次审议。会后，法制工作委员会将修订草案印发中央有关部门、省（自治区、直辖市）、基层立法联系点和高等院校、法学研究机构等征求意见，在中国人大网全文公布修订草案，征求社会公众意见。宪法和法律委员会、法制工作委员会召开座谈会，听取全国人大代表和专家学者的意见，并到甘肃、海南进行调研，就修订草案有关问题与司法部、国家保密局等部门进行沟通。宪法和法律委员会于1月11日召开会议，根据常委会组成人员审议意见和各方面意见，对修订草案进行了逐条审议。司法部、国家保密局有关负责同志列席了会议。2月19日，宪法和法律委员会召开会议，再次进行了审议。宪法和法律委员会认为，为适应保密工作面临的新形势新任务，进一步完善保密工作管理体制机制和相关保密制度，及时对保守国家秘密法进行修订是必要的，修订草案经过审议修改，已经比较成熟。同时，提出以下主要修改意见：

一、修订草案第十五条规定了保密事项范围。有的常委委员、地方提出，保密事项范围事关定密的科学性，应当精准、适当，防止太多太泛。宪法和法律委员会经研究，建议增加规定“保密事项范围的确定应当遵循必要、合理原则，科学论证评估”。

二、修订草案第十七条规定了定密权限。有的地方、专家和社会公众提出，定密分为原始定密和派生定密，二者权限不同，应当分别作出规定。宪法和法律委员会经研究，建议采纳上述意见。

三、修订草案第十八条对国家秘密确定作出了规定。有的部门、地方和社会公众提出，密点标注是保密工作精细管理的有效形式，国家保密局正在积极推行这一制度，建议法律中增加相关内容。宪法和法律委员会经研究，建议增加规定“有条件的可以标注密点”。

四、修订草案第四十二条中规定，涉密人员的合法权益受法律保护。有的地方、全国人大代表、社会公众提出，应当细化涉密人员权益保障内容，体现责权利相统一原则。宪法和法律委员会经研究，建议根据中央有关文件精神，增加规定“对因保密原因合法权益受到影响和限制的涉密人员，按照国家有关规定给予相应待遇或者补偿”。

五、修订草案第四十四条中规定，涉密人员离岗离职实行脱密期管理。有的部门、地方和社会公众提出，应当进一步完善涉密人员离岗离职管理措施。宪法和法律委员会经研究，建议增加规定“涉密人员离岗离职应当遵守国家保密规定。机关、单位应当开展保密教育提醒，清退涉密载体”。

六、修订草案在“附则”中规定了工作秘密。有的常委委员、部门、地方、全国人大代表和专家提出，工作秘密不是国家秘密，但实践中大量存在，应当予以规范，加强管理。宪法和法律委员会经研究，建议将有关条文修改为：“机关、单位在履行职能过程中产生或者获取的不属于国家秘密但泄露后会造成一定不利影响的事项，根据工作秘密管理有关规定采取必要的保护措施”。

此外，还对修订草案作了一些文字修改。

1月24日，法制工作委员会召开会议，邀请全国人大代表、专家学者、企业，就修订草案中主要制度规范的可行性、法律出台时机、法律实施的社会效果和可能出现的问题进行评估。与会人员普遍认为，修订草案贯彻落实习近平总书记关于加强保密立法和制度建设的重要指示，贯彻总体国家安全观，适应新时代保密工作新要求，进一步加强党对保密工作的统一领导，坚持问题导向，健全了保密管理制度，强化了保密监管措施。修订草案经过修改，充分吸收了各方面意见，已经比较成熟，建议及时审议通过。与会人员还对修订草案提出了一些具体修改意见，经研究，对有的意见予以采纳。

修订草案二次审议稿已按上述意见作了修改，宪法和法律委员会建议提请本次常委会会议审议通过。

修订草案二次审议稿和以上报告是否妥当，请审议。

（来源：中国人大网站）

全国人民代表大会宪法和法律委员会

关于《中华人民共和国保守国家秘密法（修订草案二次审议稿）》修改意见的报告

（2024 年 2 月 27 日）

全国人民代表大会常务委员会：

本次常委会会议于 2 月 26 日上午对保守国家秘密法修订草案二次审议稿进行了分组审议。普遍认为，修订草案已经比较成熟，建议进一步修改后，提请本次常委会会议表决通过。同时，有些常委会组成人员和列席人员还提出了一些修改意见和建议。宪法和法律委员会于2月26日中午召开会议，逐条研究了常委会组成人员和列席人员的审议意见，对修订草案进行了审议。司法部、国家保密局有关负责同志列席了会议。宪法和法律委员会认为，修订草案是可行的，同时，提出以下修改意见：

一、修订草案二次审议稿第二十四条第二款中规定，国家秘密需要延长保密期限的，应当在原保密期限届满前重新确定保密期限。有的常委会组成人员提出，对于需要延长保密期限的，也应当同时考虑是否调整其密级和知悉范围。宪法和法律委员会经研究，建议采纳上述意见。

二、修订草案二次审议稿在“附则”中对工作秘密管理作了原则性规定。有的常委委员提出，对于工作秘密采取保护措施是必要的，但是考虑到工作秘密不属于国家秘密，需要单独制定有关管理办法。宪法和法律委员会经研究，建议增加规定“工作秘密管理办法另行规定”。

经与有关部门研究，建议将修订后的保守国家秘密法的施行时间确定为2024年5月1日。

此外，根据常委会组成人员的审议意见，还对修订草案二次审议稿作了一些文字修改。

在审议中有些常委会组成人员还提出了一些其他意见，有的需要由相关配套规定细化标准、措施，有的需要在实践中进一步加强宣传教育。宪法和法律委员会经研究，建议有关部门在法律通过后抓好贯彻落实。

修订草案修改稿已按上述意见作了修改，宪法和法律委员会建议本次常委会会议审议通过。

修订草案修改稿和以上报告是否妥当，请审议。

（来源：中国人大网站）

为筑牢国家秘密安全防线提供更有力法治保障

——全国人大常委会法工委、国家保密局
有关负责人解读新修订的保密法

2024年2月27日，十四届全国人大常委会第八次会议表决通过新修订的保密法。法律自2024年5月1日起施行。

这次保密法修订，坚持总体国家安全观，统筹发展与安全，将党的十八大以来保密工作成熟有效的政策措施和实践经验上升为法律制度，为切实筑牢国家秘密安全防线提供更加有力的法治保障。保密法修订，是加强保密法治建设的重大成果，是健全国家安全体系的必然要求，对于推动保密工作高质量发展，维护国家主权、安全、发展利益具有重要而深远的意义。

2月27日，全国人大常委会法制工作委员会、国家保密局有关负责人就新修订的保密法的有关情况，回答了记者提问。

问：这次保密法修订从法律制度上明确了进一步加强党对保密工作的领导，具体体现在哪些方面？

答：保密工作应党而生、伴党而行、为党而兴，始终是党和国家的一项重要工作。党的领导是保密工作优良传统，是保密工作必须坚持的政治原则。当前，保密工作面临的形势更加复杂严峻，风险挑战前所未有，必须坚定不移始终坚持党对保密工作的统一领导。这次保密法修订旗帜鲜明地把党管保密写入法律，完善了党管保密的领导体制，明确中央保密工作领导机构领导全国保密工作，研究制定、指导实施国家保密工作战略和重大方针政策，统筹协调国家保密重大事项和重要工作，推进国家保密法治建设，有利于更好发挥党管保密的政治优势和组织优势。

问：这次修订从哪些方面完善了定密、解密制度？

答：定密是做好保密管理的源头性工作。精准定密是维护国家秘密安全的基础，及时解密是便利信息资源合理利用的客观要求。新修订的保密法，进一步完善了定密、解密制度，增强条文的周延性和实践中的可操作性。定密制度方面，明确保密事项范围的确定应当遵循必要、合理原则，科学论证评估，并根据情况变化及时调整；完善定密责任人制度和定密授权机制，并对密点标注作出原则性规定，进一步推动定密精准化、科学化。解密制度方面，将国家秘密审核由定期审核修改为每年审核，并明确了未履行解密审核责任造成严重后果的法律责任，进一步压实定密机关、单位解密审核的主体责任。

问：新修订的保密法“科技含量”明显提升，主要出于何种考虑？

答：科技自立自强是国家强盛之基、安全之要。党的十八大以来，保密战线按照党中央决策部署，坚持创新驱动，扎实开展各项保密科技工作，为形成基本防控能力、维护党和国家秘密安全作出重要贡献。当前，新一轮科技革命正在加速演进，大数据、云计算、人工智能等新技术新应用层出不穷，对保密科技自立自强提出更高要求。因此，这次保密法修订高度重视保密科技创新和科技防护。

一是新增条款支持保密科技创新。保密法总则增加一条，明确国家对保密科学技术研究和应用的鼓励、支持，强调提升自主创新能力，依法保护保密领域的知识产权，为保密科技实现高水平自立自强提供法律支持。

二是完善保密科技防护制度措施。一方面，规定涉密信息系统规划、建设、运行、维护全流程应当符合国家保密规定和标准，并配备保密设施、设备，明确涉密信息系统定期风险评估要求，避免“带病运行”；另一方面，规定机关、单位加强对信息系统、信息设备的保密管理，建设保密自监管设施，及时发现处置安全保密风险隐患。

三是规范用于保护国家秘密的安全保密产品和保密技术装备管理。安全保密产品是保密技术防护的基石，保密技术装备是开展保密检查、技术监管等工作的必要手段，二者是保密工作不可或缺的重要技术支撑。保密法明确，用于保护国家秘密的安全保密产品和保密技术装备应当符合国家保密规定和标准，并建立抽检、复检制度。

（来源：中国人大网站）

加强保密法治建设：筑牢新时代国家秘密安全防线

李兆宗*

2024年2月27日，国家主席习近平签署第20号主席令，公布了第十四届全国人大常委会第八次会议修订通过的保守国家秘密法（以下简称保密法），自2024年5月1日起施行。保密法的修订颁布，是我国保密法治建设进程中一个新的里程碑，为保护国家秘密安全，更好维护国家主权、安全、发展利益提供了坚强法治保障。

一、深刻认识修订颁布保密法的重要意义，增强学法用法的责任感使命感

保密法自1988年9月颁布、2010年4月修订以来，有力促进了保密事业发展，对于保守国家秘密，维护国家安全和利益发挥了重要作用。

* 作者单位：中央保密办、国家保密局。

进入新时代，国际国内形势发生深刻变化，科技发展日新月异，保密工作面临一些新问题新挑战。修订颁布保密法，是新形势下贯彻落实党中央关于保密工作决策部署，健全国家安全体系，加强保密法治建设的一项重要举措，对于筑牢新时代国家秘密安全防线具有重要而深远的意义。

第一，修订颁布保密法是贯彻落实党中央关于保密工作决策部署的重要举措。保密工作应党而生、伴党而行、为党而兴，始终是党和国家的一项重要工作，在我国革命、建设、改革各个历史时期，都发挥了不可替代的重要作用。党的十八大以来，党中央作出关于加强和改进保密工作的决策部署，习近平总书记就保密工作作出一系列重要指示批示，为做好保密工作指明了前进方向、提供了根本遵循。中央保密委员会加强统筹、狠抓落实，全国保密战线踔厉奋发、埋头苦干，与时俱进筑牢国家秘密安全防线，保密工作适应新形势，实现新发展。这次保密法修订，以习近平新时代中国特色社会主义思想为指导，深入贯彻党中央关于保密工作决策部署和习近平总书记重要指示批示精神，将党的十八大以来保密工作成熟有效的政策措施和实践经验上升为法律制度，为维护国家秘密安全奠定了坚实基础。

第二，修订颁布保密法是全面贯彻习近平法治思想，加强保密法治建设的重大成果。党的十八大以来，保密法律制度体系不断健全，保密依法行政水平全面提升，运用法治思维和法治方式管理国家秘密的能力不断增强。当前，法治政府建设的全面推进对保密法治提出新的更高要求，必须在更高层次、更高水平上加强保密法治建设，健全保密法治体系。这次保密法修订，以习近平法治思想为指导，旗帜鲜明地将党管保密写入法律，完善保密管理体制机制，健全国家秘密管理制度，规范保密监督管理，明确保密违法责任，着力在法治轨道上推进保密工作高质量发展。

第三，修订颁布保密法是践行总体国家安全观，健全国家安全体系的必然要求。保密工作处于反窃密防泄密斗争的第一线，与国家安全各领域高度融合，是国家安全体系的重要组成部分，必须深入贯彻落实总体国家安全观，构建更加科学、完善的国家秘密管理体系，做到国家安全领域拓展到哪里，保密工作就覆盖到哪里。这次保密法修订坚持总体国家安全观，紧密围绕党和国家事业发展全局，统筹高质量发展和高水平安全，着力防范化解重点领域泄密风险。同时，注重与国家安全相关法律衔接协调，形成维护国家主权、安全、发展利益的法治合力，为以新安全格局保障新发展格局提供更加有力的法律武器。

二、准确把握保密法的精神实质和主要内容，提升依法管理的能力

保密法的修订，立足新时代新征程保护国家秘密安全需要，对保密管理制度进行了全面优化。贯彻实施保密法，要深刻领会立法原意，准确把握精神实质和主要内容。

（一）注重党管保密、依法管理

党的领导是中国特色社会主义最本质的特征，是社会主义法治最根本的保证。党的二十大报告提出，“坚决维护党中央权威和集中统一领导，把党的领导落实到党和国家事业各领域各方面各环节”。党管保密是保密工作长期实践和历史经验的总结，是保密工作必须坚持的政治原则。这次保密法修订把党对保密工作的领导写入法律，明确中央保密工作领导机构职责，旨在更好发挥党管保密的政治优势和组织优势。依法管理国家秘密是依法治国在保密领域的具体体现。随着我国经济社会和网络信息技术的快速发展，保密工作的对象、内容和职责、任务都发生深刻变化，只有坚持依法管理，才能更好地统筹社会力量，平衡社会利益，规范社会行为，共同维护好国家秘密安全。这次保密法修订完善了一系列保密管理制度，严格规范保密行政许可、行政检查、案件查处等行政行为，着力提升依法行政的能力和水平。

（二）注重积极防范、突出重点

保密工作的本质特征决定了必须防患于未然，始终坚持把防范窃密泄密作为出发点和落脚点，积极主动，关口前移。这次保密法修订进一步完善了保密宣传教育制度，旨在筑牢保密思想防线；建立了风险评估、监测预警、应急处置、信息通报制度机制，有利于及时发现和消除泄密风险隐患，有效防范泄密事件的发生。突出重点是抓好保密工作的重要方法和有效路径。保密工作点多、线长、面广，必须突出重点，处理好重点与全面的关系，合理分配保密资源，确保核心秘密安全。这次保密法修订，聚焦重点区域、重点领域、涉密人员的保密管理，完善相应管理制度，有的放矢、精准施治。突出重点不是“只要重点”，保密法在加强重点保密管理的同时，注重统筹兼顾，加强全面管理，促进保密工作协调发展。

（三）注重技管并重、创新发展

近年来，随着信息化、数字化的飞速发展和广泛应用，国家秘密的存在形态、处理方式发生深刻变化，必须注重技术防护与管理措施双管齐下，构筑起集人防、物防、技防于一体的综合防范体系，确保国家秘密安全。这次保密法修订进一步完善了保密管理措施，提升了保密管理效能，同时更加注重科技在保密工作中的支撑和引领作用，新增了涉密信息系统全流程管理和风险评估相关规定，对用于保护国家秘密的安全保密产品、保密技术装备等提出明确要求。创新发展是保密工作与时俱进、更好维护国家秘密安全的内在要求。做好新时代新征程保密工作，必须主动适应保密形势任务要求，应势而动、顺势而为，加强保密理念、体制机制、方法手段和科学技术创新。这次保密法修订创新管理机制，完善管理制度，鼓励和支持保密科学技术研究和应用，强调提升自主创新能力，旨在激发保密科技创新主体活力，加快实现保密科技高水平自立自强，提升保密工作体系对抗能力。

（四）注重精准保护、保放适度

信息公开与国家秘密保护是一个问题的两个方面，是辩证统一的，都是为了维护国家和人民的利益。该公开的不公开，不该公开的公开，都会损害国家和人民的利益。正确认识和把握二者的关系，关键是要做到依法公开、依法保密、保放适度。这次保密法修订充分考虑了信息公开与保密的关系，进一步强化国家秘密的精准保护，最大限度保障信息资源合理利用。修订后的保密法明确，保密事项范围的确定应当遵循必要、合理原则，进行科学论证评估，从源头上提升定密工作的科学性和精准性；将国家秘密的定期审核修改为每年审核，督促机关、单位及时审核已确定的国家秘密，推动及时解密。此外，增加了信息公开保密审查专门条款，建立起信息公开的“安全网”，做到该保守的秘密坚决守住，该公开的信息依法公开。

三、宣传贯彻实施好保密法，为维护国家秘密安全提供坚强法治保障

法律的生命力在于实施，法律的权威也在于实施。保密战线要把学习贯彻保密法作为当前和今后一个时期的重要任务，在保密法的学习宣传、贯彻实施上下功夫，全面提升保密工作的法治化水平。

（一）广泛组织学习宣传

各级保密行政管理部门、保密工作机构及保密干部要带头学习保密法，先学一步、学深学透，不断提高依法管理国家秘密的能力和水平。同时，要组织好保密法学习、宣传和培训工作，切实增强党政领导干部和涉密人员的保密法治意识和履职能力。面向社会公众广泛开展保密普法宣传活动，在全社会营造保密工作良好氛围，引导广大人民群众牢固

树立“保守国家秘密人人有责”的观念，为保密工作筑牢坚实群众基础。

（二）全面抓好法律实施

机关、单位要认真落实保密工作责任制，依法设置保密工作机构或指定专人负责保密工作，形成一级抓一级、层层抓落实的保密工作格局，确保保密法规定的各项制度落到实处。各级保密行政管理部门要模范贯彻实施保密法，全面履行法律赋予的行政管理职能，把法治原则贯穿到保密工作全过程、各方面，扎实推进严格规范公正文明执法，坚决追究保密违法责任，不断提高运用法治思维和法治方式管理国家秘密的能力和水平。

（三）抓紧完善配套制度

国家保密行政管理部门将与有关部门统筹推进保密法规制度的立改废释工作，进一步增强保密法律制度体系的系统性、整体性、协同性，形成科学完备、布局合理的保密法律制度体系。各级保密行政管理部门和保密工作机构要以保密法修订为契机，及时制定修订配套保密制度，确保与国家保密法律法规紧密衔接。

做好新时代新征程保密工作，责任重大，使命光荣。我们要更加紧密地团结在以习近平同志为核心的党中央周围，以习近平新时代中国特色社会主义思想为指导，深刻领悟“两个确立”的决定性意义，增强“四个意识”、坚定“四个自信”、做到“两个维护”，强化使命担当，严格依法治密，认真履行保党的长期执政地位、保国家安全、保人民幸福、保民族复兴的重要使命，不断推进保密工作高质量发展，为以中国式现代化全面推进强国建设、民族复兴伟业贡献保密力量！

（来源：《人民日报》2024 年 2 月 28 日）

司法解释、司法指导性文件与解读

最高人民法院　最高人民检察院　公安部

印发《关于办理医保骗保刑事案件若干问题的指导意见》的通知

2024年2月28日　　法发〔2024〕6号

各省、自治区、直辖市高级人民法院、人民检察院、公安厅（局），解放军军事法院、军事检察院，新疆维吾尔自治区高级人民法院生产建设兵团分院，新疆生产建设兵团人民检察院、公安局：

为依法惩治医保骗保犯罪，切实维护医疗保障基金安全，维护人民群众医疗保障合法权益，结合工作实际，最高人民法院、最高人民检察院、公安部现联合印发《关于办理医保骗保刑事案件若干问题的指导意见》，请认真贯彻执行。执行中遇到的重大问题，请分别报告最高人民法院、最高人民检察院、公安部。

最高人民法院　最高人民检察院　公安部
关于办理医保骗保刑事案件若干问题的指导意见

为依法惩治医保骗保犯罪，维护医疗保障基金安全，维护人民群众合法权益，根据《中华人民共和国刑法》、《中华人民共和国刑事诉讼法》等有关规定，现就办理医保骗保刑事案件若干问题提出如下意见。

一、全面把握总体要求

1. 深刻认识依法惩治医保骗保犯罪的重大意义。医疗保障基金是人民群众的“看病钱”、“救命钱”，事关人民群众切身利益，事关医疗保障制度健康持续发展，事关国家长治久安。要切实提高政治站位，深刻认识依法惩治医保骗保犯罪的重大意义，持续深化医保骗保问题整治，依法严惩医保骗保犯罪，切实维护医疗保障基金安全，维护人民群众医疗保障合法权益，促进医疗保障制度健康持续发展，不断提升人民群众获得感、幸福感、安全感。

2. 坚持严格依法办案。坚持以事实为根据、以法律为准绳，坚持罪刑法定、证据裁判、疑罪从无等法律原则，严格按照证据证明标准和要求，全面收集、固定、审查和认定证据，确保每一起医保骗保刑事案件事实清楚，证据确实、充分，定罪准确，量刑适当，程序合法。切实贯彻宽严相济刑事政策和认罪认罚从宽制度，该宽则宽，当严则严，宽严相济，罚当其罪，确保罪责刑相适应，实现政治效果、法律效果和社会效果的统一。

3. 坚持分工负责、互相配合、互相制约。公安机关、人民检察院、人民法院要充分发挥侦查、起诉、审判职能作用，加强协作配合，建立长效工作机制，形成工作合力，依法、及时、有效惩治医保骗保犯罪。

坚持以审判为中心，强化证据意识、程序意识、裁判意识，充分发挥庭审在查明事实、认定证据、保护诉权、公正裁判中的决定性作用，有效加强法律监督，确保严格执法、公正司法，提高司法公信力。

二、准确认定医保骗保犯罪

4. 本意见所指医保骗保刑事案件，是指采取欺骗手段，骗取医疗保障基金的犯罪案件。

医疗保障基金包括基本医疗保险（含生育保险）基金、医疗救助基金、职工大额医疗费用补助、公务员医疗补助、居民大病保险资金等。

5. 定点医药机构（医疗机构、药品经营单位）以非法占有为目的，实施下列行为之一，骗取医疗保障基金支出的，对组织、策划、实施人员，依照刑法第二百六十六条的规定，以诈骗罪定罪处罚；同时构成其他犯罪的，依照处罚较重的规定定罪处罚：

（1）诱导、协助他人冒名或者虚假就医、购药，提供虚假证明材料，或者串通他人虚开费用单据；

（2）伪造、变造、隐匿、涂改、销毁医学文书、医学证明、会计凭证、电子信息、检测报告等有关资料；

（3）虚构医药服务项目、虚开医疗服务费用；

（4）分解住院、挂床住院；

（5）重复收费、超标准收费、分解项目收费；

（6）串换药品、医用耗材、诊疗项目和服务设施；

（7）将不属于医疗保障基金支付范围的医药费用纳入医疗保障基金结算；

（8）其他骗取医疗保障基金支出的行为。

定点医药机构通过实施前款规定行为骗取的医疗保障基金应当予以追缴。

定点医药机构的国家工作人员，利用职务便利，实施第一款规定的行为，骗取医疗保障基金，依照刑法第三百八十二条、第三百八十三条的规定，以贪污罪定罪处罚。

6. 行为人以非法占有为目的，实施下列行为之一，骗取医疗保障基金支出的，依照刑法第二百六十六条的规定，以诈骗罪定罪处罚；同时构成其他犯罪的，依照处罚较重的规定定罪处罚：

（1）伪造、变造、隐匿、涂改、销毁医学文书、医学证明、会计凭证、电子信息、检测报告等有关资料；

（2）使用他人医疗保障凭证冒名就医、购药；

（3）虚构医药服务项目、虚开医疗服务费用；

（4）重复享受医疗保障待遇；

（5）利用享受医疗保障待遇的机会转卖药品、医用耗材等，接受返还现金、实物或者获得其他非法利益；

（6）其他骗取医疗保障基金支出的行为。

参保人员个人账户按照有关规定为他人支付在定点医疗机构就医发生的由个人负担的医疗费用，以及在定点零售药店购买药品、医疗器械、医用耗材发生的由个人负担的费用，不属于前款第（2）项规定的冒名就医、购药。

7. 医疗保障行政部门及经办机构工作人员利用职务便利，骗取医疗保障基金支出的，依照刑法第三百八十二条、第三百八十三条的规定，以贪污罪定罪处罚。

8. 以骗取医疗保障基金为目的，购买他人医疗保障凭证（社会保障卡等）并使用，同时构成买卖身份证件罪、使用虚假身份证件罪、诈骗罪的，以处罚较重的规定定罪处罚。

盗窃他人医疗保障凭证（社会保障卡等），并盗刷个人医保账户资金，依照刑法第二百六十四条的规定，以盗窃罪定罪处罚。

9. 明知系利用医保骗保购买的药品而非法收购、销售的，依照刑法第三百一十二条和相关司法解释的规定，以掩饰、隐瞒犯罪所得罪定罪处罚；指使、教唆、授意他人利用医保骗保购买药品，进而非法收购、销售，依照刑法第二百六十六条的规定，以诈骗罪定罪处罚。

利用医保骗保购买药品的行为人是否被追究刑事责任，不影响对非法收购、销售有关药品的行为人定罪处罚。

对第一款规定的主观明知，应当根据药品标志、收购渠道、价格、规模及药品追溯信息等综合认定。具有下列情形之一的，可以认定行为人具有主观明知，但行为人能够说明药品合法来源或作出合理解释的除外：

（1）药品价格明显异于市场价格的；

（2）曾因实施非法收购、销售利用医保骗保购买的药品，受过刑事或行政处罚的；

（3）以非法收购、销售基本医疗保险药品为业的；

（4）长期或多次向不特定交易对象收购、销售基本医疗保险药品的；

（5）利用互联网、邮寄等非接触式渠道多次收购、销售基本医疗保险药品的；

（6）其他足以认定行为人主观明知的。

三、依法惩处医保骗保犯罪

10. 依法从严惩处医保骗保犯罪，重点打击幕后组织者、职业骗保人等，对其中具有退赃退赔、认罪认罚等从宽情节的，也要从严把握从宽幅度。

具有下列情形之一的，可以从重处罚：

（1）组织、指挥犯罪团伙骗取医疗保障基金的；

（2）曾因医保骗保犯罪受过刑事追究的；

（3）拒不退赃退赔或者转移财产的；

（4）造成其他严重后果或恶劣社会影响的。

11. 办理医保骗保刑事案件，要同步审查洗钱、侵犯公民个人信息等其他犯罪线索，实现全链条依法惩治。要结合常态化开展扫黑除恶斗争，发现、识别医保骗保团伙中可能存在的黑恶势力，深挖医保骗保犯罪背后的腐败和“保护伞”，并坚决依法严惩。

12. 对实施医保骗保的行为人是否追究刑事责任，应当综合骗取医疗保障基金的数额、手段、认罪悔罪、退赃退赔等案件具体情节，依法决定。

对于涉案人员众多的，要根据犯罪的事实、犯罪的性质、情节和对于社会的危害程度，以及在共同犯罪中的地位、作用、具体实施的行为区别对待、区别处理。对涉案不深的初犯、偶犯从轻处罚，对认罪认罚的医务人员、患者可以从宽处罚，其中，犯罪情节轻微的，可以依法不起诉或者免除处罚；情节显著轻微、危害不大的，不作为犯罪处理。

13. 依法正确适用缓刑，要综合考虑犯罪情节、悔罪表现、再犯罪的危险以及宣告缓刑对所居住社区的影响，依法作出决定。对犯罪集团的首要分子、职业骗保人、曾因医保骗保犯罪受过刑事追究，毁灭、伪造、隐藏证据，拒不退赃退赔或者转移财产逃避责任的，一般不适用缓刑。对宣告缓刑的犯罪分子，根据犯罪情况，可以同时禁止其在缓刑考验期限内从事与医疗保障基金有关的特定活动。

14. 依法用足用好财产刑，加大罚金、没收财产力度，提高医保骗保犯罪成本，从经济上严厉制裁犯罪分子。要综合考虑犯罪数额、退赃退赔、认罪认罚等情节决定罚金数额。

四、切实加强证据的收集、审查和判断

15. 医保骗保刑事案件链条长、隐蔽深、取证难，公安机关要加强调查取证工作，围绕医保骗保犯罪事实和量刑情节收集固定证据，尤其注重收集和固定处方、病历等原始证据材料及证明实施伪造骗取事实的

核心证据材料，深入查明犯罪事实，依法移送起诉。对重大、疑难、复杂和社会影响大、关注度高的案件，必要时可以听取人民检察院的意见。

16. 人民检察院要依法履行法律监督职责，强化以证据为核心的指控体系构建，加强对医保骗保刑事案件的提前介入、证据审查、立案监督等工作，积极引导公安机关开展侦查活动，完善证据体系。

17. 人民法院要强化医保骗保刑事案件证据的审查、判断，综合运用证据，围绕与定罪量刑有关的事实情节进行审查、认定，确保案件事实清楚，证据确实、充分。认为需要补充证据的，应当依法建议人民检察院补充侦查。

18. 医疗保障行政部门在监督检查和调查中收集的物证、书证、视听资料、电子数据等证据材料，经法庭查证属实，且收集程序符合有关法律、行政法规规定的，可以作为定案的根据。

19. 办理医保骗保刑事案件，确因证人人数众多等客观条件限制，无法逐一收集证人证言的，可以结合已收集的证人证言，以及经查证属实的银行账户交易记录、第三方支付结算凭证、账户交易记录、审计报告、医保信息系统数据、电子数据等证据，综合认定诈骗数额等犯罪事实。

20. 公安机关、人民检察院、人民法院对依法查封、扣押、冻结的涉案财产，应当全面收集、审查证明其来源、性质、用途、权属及价值大小等有关证据，根据查明的事实依法处理。经查明确实与案件无关的，应予返还。

公安机关、人民检察院应当对涉案财产审查甄别。在移送起诉、提起公诉时，应当对涉案财产提出处理意见。

21. 对行为人实施医保骗保犯罪所得一切财物，应当依法追缴或者责令退赔。确有证据证明存在依法应当追缴的财产，但无法查明去向，或者价值灭失，或者与其他合法财产混合且不可分割的，可以追缴等值财产或者混合财产中的等值部分。等值财产的追缴数额限于依法查明应当追缴违法所得数额，对已经追缴或者退赔的部分应予扣除。

对于证明前款各种情形的证据，应当及时调取。

22. 公安机关、人民检察院、人民法院要把追赃挽损贯穿办理案件全过程和各环节，全力追赃挽损，做到应追尽追。人民法院在执行涉案财物过程中，公安机关、人民检察院及有关职能部门应当配合，切实履行协作义务，综合运用多种手段，做好涉案财物清运、财产变现、资金归集和财产返还等工作，最大程度减少医疗保障基金损失，最大限度维护人民群众利益。

五、建立健全协同配合机制

23. 公安机关、人民检察院对医疗保障行政部门在调查医保骗保行为或行政执法过程中，认为案情重大疑难复杂，商请就追诉标准、证据固定等问题提出咨询或参考意见的，应当及时提出意见。

公安机关对医疗保障行政部门移送的医保骗保犯罪线索要及时调查，必要时可请相关部门予以协助并提供相关证据材料，对涉嫌犯罪的及时立案侦查。医疗保障行政部门或有关行政主管部门及医药机构应当积极配合办案机关调取相关证据，做好证据的固定和保管工作。

公安机关、人民检察院、人民法院对不构成犯罪、依法不起诉或免予刑事处罚的医保骗保行为人，需要给予行政处罚、政务处分或者其他处分的，应当依法移送医疗保障行政部门等有关机关处理。

24. 公安机关、人民检察院、人民法院与医疗保障行政部门要加强协作配合，健全医保骗保刑事案件前期调查、立案侦查、审查起诉、审判执行等工作机制，完善线索发现、核查、移送、处理和反馈机制，加强对医保骗保犯罪线索的分析研判，及时发现、有效预防和惩治犯罪。公安机关与医疗保障行政部门要加快推动信息共享，构建实时分析预警监测模型，力争医保骗保问题“发现在早、打击在早”，最大限度减少损失。

公安机关、人民检察院、人民法院应当将医保骗保案件处理结果及生效文书及时通报医疗保障行政部门。

25. 公安机关、人民检察院、人民法院在办理医保骗保刑事案件时，可商请医疗保障行政部门或有关行政主管部门指派专业人员配合开展工作，协助查阅、复制有关专业资料或核算医疗保障基金损失数额，就案件涉及的专业问题出具认定意见。涉及需要行政处理的事项，应当及时移送医疗保障行政部门或者有关行政主管部门依法处理。

26. 公安机关、人民检察院、人民法院要积极能动履职，进一步延伸办案职能，根据情况适时发布典型案例、开展以案释法，加强法治宣传教育，推动广大群众知法、守法，共同维护医疗保障基金正常运行和医疗卫生秩序。结合办理案件发现医疗保障基金使用、监管等方面存在的问题，向有关部门发送提示函、检察建议书、司法建议书，并注重跟踪问效，建立健全防范医保骗保违法犯罪长效机制，彻底铲除医保骗保违法犯罪的滋生土壤。

解读《最高人民法院、最高人民检察院、公安部关于办理医保骗保刑事案件若干问题的指导意见》*

2024 年 3 月 1 日，最高人民法院、最高人民检察院、公安部联合召开新闻发布会，发布《最高人民法院、最高人民检察院、公安部关于办理医保骗保刑事案件若干问题的指导意见》（以下简称《指导意

* 根据《最高人民法院、最高人民检察院、公安部关于办理医保骗保刑事案件若干问题的指导意见》暨典型案例新闻发布会整理。——编者注

见》）暨最高人民法院、最高人民检察院关于依法惩治医保骗保犯罪典型案例。最高人民法院刑三庭庭长陈鸿翔，最高人民检察院第一检察厅副厅长曹红虹，公安部刑事侦查局副局长、一级巡视员陈士渠，最高人民法院刑三庭副庭长陈学勇出席发布会，并回答记者提问。发布会由最高人民法院新闻局副局长姬忠彪主持。

一、《指导意见》的制定背景

医保基金是人民群众的“看病钱”“救命钱”，事关广大群众的切身利益，事关医疗保障制度健康持续发展，事关国家长治久安。医保骗保犯罪严重危害医保基金安全，损害人民群众医疗保障合法权益。党中央高度重视医保骗保问题，中央领导同志就整治医保骗保问题作出重要指示批示，中央政法委对深化基本医保骗保问题专项整治工作作出部署。最高人民法院、最高人民检察院、公安部等部门切实贯彻党中央部署要求，深入开展医保骗保问题专项整治，取得重要阶段性成效。最高人民法院结合人民法院工作职能和工作实际，就贯彻落实党中央有关部署要求提出具体意见，印发《最高人民法院关于发挥审判职能作用依法严惩医保骗保犯罪的通知》，组织全国法院开展依法惩治医保骗保犯罪专项行动，发布医保骗保犯罪典型案件，积极配合有关部门深化医保骗保问题整治，为平安中国建设提供了有力的司法保障。

为依法惩治医保骗保犯罪，维护医疗保障基金安全，维护人民群众医疗保障合法权益，最高人民法院牵头会同最高人民检察院、公安部在深入调研、充分论证的基础上，起草制定了《指导意见》，进一步明确医保骗保犯罪定罪处罚、法律适用、政策把握、办案要求及有关工作制度机制等相关问题。在历时两年多的起草制定《指导意见》过程中，我们广泛征求了全国法院、检察院意见，多次征求国家卫健委、国家医保局意见，组织召开座谈会，听取医药公司、医疗机构和药店代表意见建议，并不断修改完善。经最高人民法院审判委员会刑事审判专业委员会第473次会议、最高人民检察院第十四届检察委员会第26次会议讨论通过，从印发之日起施行。

二、《指导意见》的主要内容

《指导意见》坚持以习近平新时代中国特色社会主义思想为指导，深入贯彻习近平法治思想，严格执行法律和司法解释的规定，对医保骗保犯罪定罪处罚、政策把握等问题作了更加明确的指引。《指导意见》分为五部分，共26条。主要内容有以下几方面。

（一）全面把握总体要求

要求深刻认识依法惩治医保骗保犯罪的重大意义，坚持严格依法办案，坚持分工负责、互相配合、互相制约，确保严格执法、公正司法，提高司法公信力。切实贯彻宽严相济刑事政策和认罪认罚从宽制度，确保罪责刑相适应，实现最佳的政治效果、法律效果和社会效果。

（二）准确认定医保骗保犯罪

明确医保骗保刑事案件、医疗保障基金的范围，医疗保障经办机构、定点医药机构、参保人及其他个人骗取医疗保障基金的行为方式及相关犯罪行为的定罪处罚，以及医疗保障行政部门及经办机构工作人员利用职务便利，骗取医疗保障基金的定罪处罚问题，确保准确认定犯罪。

（三）依法惩处医保骗保犯罪

要求依法从严惩处医保骗保犯罪，重点打击幕后组织者、职业骗保人等，明确从严从重处罚和从宽处罚的情形，强化全链条惩治医保骗保相关犯罪，加大财产刑的力度，规范罚金刑适用，从严掌握缓刑适用，统一法律适用标准和司法裁判尺度，确保“三个效果”的统一。

（四）切实加强证据的收集、审查和判断

强化公安、检察、法院对医保骗保刑事案件证据的收集、审查和判断，明确医疗保障行政部门收集的证据在刑事诉讼中的证明效力，以及医保骗保犯罪涉案财物的调查取证、追赃挽损等内容，确保最大限度减少医疗保障基金损失，最大限度维护人民群众利益。

（五）建立健全协同配合机制

规范健全行刑衔接机制，建立健全前期调查、立案侦查、审查起诉、审判执行等协作办案机制。强化公安、检察、法院能动履职，充分运用“三书一函”助力医保骗保违法犯罪系统治理、源头治理，健全完善防范医保骗保违法犯罪长效机制。

三、典型案例的情况特点

在发布《指导意见》的同时，最高人民法院、最高人民检察院发布8件依法惩治医保骗保犯罪典型案例。这些案例主要有以下几方面特点。

一是犯罪主体涵盖定点医药机构及其工作人员、医药公司代表、参保人、倒卖医保药品的“药贩子”及国家工作人员等。如案例三的被告人孙某玉系非法倒卖利用医保骗保购买药品的“药贩子”，案例四的被告人高某系医药公司医药代表，案例五的被告人胡某良系参保人，案例七的被告人赵某泽、赵某系定点医院的院长。

二是涵盖诈骗、掩饰、隐瞒犯罪所得、贪污等医保骗保犯罪常见罪名。如案例一的被告人刘某甲、刘某乙、刘某丙通过伪造病历、虚构医药服务等骗取医保基金，构成诈骗罪。案例三的被告人孙某玉明知系利用医保骗保购买的药品而非法收购、销售，构成掩饰、隐瞒犯罪所得罪。案例八的被告人杨某侠利用报销审核职务便利侵吞医保基金，构成

贪污罪。

三是贯彻宽严相济刑事政策和认罪认罚从宽制度，区别对待、区分处理，确保实现“三个效果”。如案例一的被告人刘某甲、刘某乙、刘某丙组织、领导犯罪集团，有组织骗取医保基金，数额特别巨大，依法从严惩处，分别判处无期徒刑和十年以上有期徒刑。案例六的被告人徐某林因妻子治病花费巨大，经济困难等因素产生犯罪动机，使用已死亡妻子的医保卡购买药品后出售。考虑上述因素及徐某林有自首、全额退赃退赔等情节，依法对其减轻处罚并适用缓刑。

四是积极能动履职，落实“抓前端、治未病”。如案例六中，检察机关及时审查医保局移送的线索，要求医保局向公安机关移送案件。人民法院有效延伸审判职能，对在审理医保骗保案件中发现的医保基金监督、使用等方面存在的问题，制发针对性司法建议，提出意见建议，促进社会诉源治理、系统治理。如案例二中，人民法院向医疗保障部门发出司法建议书，促进相关部门发现问题、整改问题，同时发布典型案例，向社会公众宣传“回流药”骗保犯罪的手段和危害性，取得“办理一案、治理一片”的良好效果。

这些案例，从多个角度反映了医保骗保犯罪的行为手段及社会危害性，表明了司法机关依法惩处医保骗保犯罪的态度和立场，体现了司法机关以实际行动切实维护人民群众利益、推进更高水平平安中国建设的责任和担当。提示定点医药机构、医保审核经办机构人员、参保人等相关人员要依法依规，充分认识到医疗保障制度是全民共享的普惠性、有限性资源，在享受国家惠民政策的同时，要维护医疗保障制度可持续发展。也提示医疗保障行政部门要加强对医保基金的监督、检查，医疗保障经办机构要强化医保报销材料的审查审核，及时排查医保基金监管中存在的问题漏洞，有效完善监管、堵塞漏洞，切实维护医保基金安全，维护人民群众医疗保障合法权益。

下一步，最高人民法院将继续坚持以习近平新时代中国特色社会主义思想为指导，深入贯彻习近平法治思想，贯彻落实党中央部署要求，充分发挥刑事审判职能作用，依法惩治医保骗保犯罪，为维护医疗保障基金安全和人民群众医疗保障合法权益，建设更高水平的平安中国提供更加有力的司法服务和保障。

（来源：最高人民法院网站）

最高人民法院、最高人民检察院、公安部相关部门负责人就《关于办理医保骗保刑事案件若干问题的指导意见》答记者问

问题一：我们关注到最高人民检察院去年加入了医保骗保专项整治工作，作为医疗领域欺诈骗保专项行动重要成员单位，曹厅长能否介绍一下2023年检察机关主要做了哪些工作，取得什么样的成效？

曹红虹：2023年，最高人民检察院加入打击医保领域欺诈骗保专项整治工作以来，与各成员单位协同奋战，持续严惩医保骗保犯罪，相关工作取得明显成效。

一是依法严惩医保领域欺诈骗保犯罪，守护医保基金安全。最高人民检察院将打击医保领域欺诈骗保犯罪作为全国检察机关守护民生的重要内容进行部署。各地检察机关聚焦专项重点诊疗领域、重点药品耗材以及虚假诊疗、医保药品倒卖等高发多发的违法犯罪行为，加强介入侦

查、引导取证，坚持全链条打击，从严从快批捕起诉一批医药领域重大欺诈骗保案件，对犯罪分子形成有力震慑。2023年，全国检察机关批准逮捕各类医保领域欺诈骗保犯罪1054件1619人，提起公诉2037件3988人。加强法律政策指导，既严格把握依法从严的总基调，又全面准确落实宽严相济刑事政策，对在犯罪中起组织、指使、教唆等主要作用、造成医保基金重大损失的"职业骗保人""幕后组织者"等犯罪分子严肃追究刑事责任；对部分犯罪情节较轻，涉案不深的初犯、偶犯，主动认罪认罚、退赃退赔的人员依法从宽处理。全力追赃挽损，坚持应追尽追，协同公安机关查明涉案资金去向；综合运用法律手段强制追缴、责令退赔；充分运用认罪认罚从宽等司法制度督促引导犯罪嫌疑人主动退赃退赔，最大限度挽回国家医保基金损失。

二是加强法律监督，创新通过大数据监督模型深挖犯罪线索。各级检察机关加大对重大线索的研判、督办，共监督立案546件893人。通过数据建模、融合审查、类案监督的方式，实现从个案办理到类案监督的转变，探索并开发了"特种病药物""异常人员就医""空刷医保统筹基金账户"等数十种诈骗医保基金案件数字监督模型，精准发现并打击各类侵犯医保基金犯罪。2023年，最高人民检察院举办全国检察机关数据法律监督模型竞赛，在参评的五百余个数据模型中，有一例医保骗保监督模型还获得了全国奖项。这例浙江金华婺城区检察院开发的特种病领域立案监督模型，通过实践应用发现并移送监督线索180余条，监督刑事立案61人，在全市开展的专项整治中，移送侦查198人，行政处罚355人，追回医保基金共计人民币1.24亿元。监督成效明显。

三是坚持惩防并举，推动"办理一案，治理一片"。各级检察机关推进完善医保基金领域监管制度机制。首先，健全行刑双向衔接机制。如北京市检察机关与医保行政监管部门搭建行刑衔接线索反向移送通道，共向医保部门移送处罚线索30件33人。其次，针对类案问题制发检察建议，筑牢医保资金安全"防护网"。专项行动以来，江苏、重庆等地检察机关针对医保基金、医疗服务管理部门、定点医疗机构、药品经营单位等不同主体积极制发检察建议，推动当地医保基金使用监管机制完善。

四是落实以案释法，加大法治宣传力度。针对办案中发现的部分参保人员法律意识薄弱，对医保领域欺诈骗保活动法律后果认识不清等问题，有针对性地开展普法宣传，加大案件曝光力度，有效发挥警示教育作用。

媒体朋友可能也注意到了，最高人民检察院发布的2024年检察机关开展的“检护民生”专项行动实施方案，也对医保诈骗犯罪专项整治工作提出了明确要求。下一步，全国检察机关将继续贯彻落实党中央关于加强医疗保障基金监管的重要指示精神，与最高人民法院、公安部、国家医保局等部门加强协作配合，以重点案件、系列案件为抓手，“高质效办好每一个案件”，增强打击实效；深挖拓展案件线索，加大法律监督力度，加强实践疑难问题研究指导，为持续推动专项整治工作贡献检察力量。

问题二：近年来，人民法院审理的医保骗保犯罪案件呈现哪些新情况新特点？

陈学勇：近年来，人民法院充分发挥刑事审判职能作用，依法惩治医保骗保犯罪，取得良好的政治效果、法律效果和社会效果。近期，我们对近年来人民法院审理的医保骗保犯罪案件进行了司法大数据分析，据不完全统计，2021年至2023年全国法院一审审结医保骗保犯罪案件共计1213件，其中：2021年审结306件，2022年审结407件，2023年审结500件，同比分别增长102.65%、33.01%、22.85%，案件数量逐年上升且增幅较大。主要有以下几方面特点。

一是所涉罪名集中化，主要为诈骗罪。医保骗保犯罪涉及诈骗罪、掩饰、隐瞒犯罪所得罪、贪污罪等多个常见罪名，其中诈骗罪占93.65%。二是犯罪主体多元化，参保人员占比超五成。医保骗保的犯罪主体包括定点医疗机构及其人员、定点零售药店及其人员、参保人员及其近亲属、职业骗保团伙以及其他人员，部分案件还涉及药品生产企业。其中，参保人员涉案占比 54. 08%。三是犯罪手段多样化，职业骗保专业化。实践中，医保骗保犯罪手段主要有伪造证明材料、虚开费用单据、虚构医药服务、分解项目、串换药品、冒名就医、购药及利用享受医疗保障待遇转卖药品等，各种犯罪行为相互交织，部分职业骗保人组织化、分工化程度越来越高，团伙化、专业化特征明显。四是犯罪数额巨大，社会危害严重。有的医保骗保犯罪隐蔽性强，持续时间长，涉案金额巨大，造成巨额医保基金损失，严重损害医疗保障制度的健康持续发展。如发布的典型案例中，刘某甲、刘某乙、刘某丙犯罪集团诈骗案，骗取医疗保障基金高达 1 亿余元。

问题三：针对当前医保诈骗犯罪高发多发的形势，2023 年公安机关采取了哪些措施？在 2024 年的工作中，公安机关将如何落实《关于办理医保骗保刑事案件若干问题的指导意见》（以下简称《指导意见》）？

陈士渠：2023 年，全国公安机关贯彻落实党中央、国务院部署要求，持续开展打击欺诈骗保专项整治行动，共侦破医保诈骗案件 2179 起，抓获犯罪嫌疑人 6220 名，打掉犯罪团伙 346 个，移送医保部门查处违法违规医药机构 263 家。主要有三项工作措施。

一是深入推进专项行动，开展大案攻坚。2021 年至 2023 年，公安部会同国家医保局、国家卫健委等部门持续专项打击整治医保诈骗违法犯罪，针对虚假诊疗、虚开票据、篡改检测报告、串换药品耗材、购销医保“回流药”等诈骗医保基金行为，组织开展专案攻坚；对 44 起性质恶劣、案值较大、涉案人员较多的跨地域重特大案件，公安部挂牌督办、直接指挥，实现快侦快破、依法打击。浙江摧毁两个利用患有特殊病的病人套销医保药品的犯罪团伙，涉案金额 12. 5 亿元；辽宁破获某疗养院涉嫌诈骗医保案，涉案金额 4 亿元；重庆破获 2 家民营医院和 1

家医药公司涉嫌诈骗医保案件，涉案金额3亿元。

二是坚持大数据赋能，全面收集案件线索。国家医保局大力支持公安机关侦查打击工作，充分利用医保监管和大数据资源，向公安机关推送医保异常数据；公安机关整合公安大数据和异常医保数据分析挖掘线索，提高了发现打击能力。

三是健全完善协作机制，推进源头治理。公安部与国家医保局建立常态化打击医保诈骗犯罪工作机制和行刑衔接机制，加强线索移交、案件查处等工作，在调查取证、线索研判等方面紧密协作，同步提升刑事打击和行政查处效能。此外，公安机关及时发现通报侦查办案中发现的监管漏洞，从源头上挤压犯罪空间。2023年，全国公安机关向医保部门移送违法违规医药机构263家，通报相关监管问题13次。

2024年，公安部将以实施《指导意见》为契机，组织全国公安机关加强学习宣传贯彻，持续加大打击整治医保诈骗犯罪力度，坚决维护医保基金安全和人民群众医保权益。一是深入推进专项打击整治行动，对医保诈骗犯罪坚持零容忍，保持高压严打态势。二是加强《指导意见》运用，联合最高人民法院、最高人民检察院和医保、卫健等监管部门加强对下督促指导，提升打击和防范医保诈骗犯罪的能力。三是加强宣传引导，及时曝光典型案件和犯罪手法，震慑医保诈骗犯罪分子，教育引导群众依法使用医保权益。

问题四：人民法院下一步惩治医保骗保犯罪有哪些对策措施？

陈学勇：近一段时期以来，医保骗保犯罪案件多发频发，严重危害医保基金安全，损害人民群众医疗保障合法权益。这次最高人民法院、最高人民检察院、公安部发布的《指导意见》及最高人民法院、最高人民检察院关于依法惩治医保骗保犯罪典型案例，进一步明确了医保骗保犯罪定罪处罚、法律适用、政策把握等问题，为依法惩治医保骗保犯罪提供了明确的法律政策指引。

下一步，人民法院将继续坚持以习近平新时代中国特色社会主义思想为指导，深入贯彻习近平法治思想，贯彻落实中央领导同志重要指示批示精神和中央政法委部署要求，依法能动履职，依法惩治医保骗保犯罪，切实维护医保基金安全和人民群众切身利益。

一是加大惩处力度。始终坚持依法从严惩处医保骗保犯罪，重点打击幕后组织者、职业骗保人及组织、领导犯罪集团的首要分子等，该重判的坚决依法重判。同时，切实贯彻宽严相济刑事政策和认罪认罚从宽制度，努力实现最佳的政治效果、法律效果和社会效果。最高人民法院将挂牌督办一批重大案件，加强监督指导，确保办案效果。

二是加强追赃挽损。把追赃挽损贯穿办理案件全过程和各环节，加大财产刑的判处和执行力度，并对行为人实施医保骗保犯罪所得一切财物，依法追缴或者责令退赔。综合运用多种手段，全力追赃挽损，最大限度减少医疗保障基金损失，最大限度维护人民群众利益。

三是加强协作配合。加强与公安、检察、医保、卫健等部门沟通协调、协作配合，完善工作机制，加强行刑衔接，形成强大工作合力，确保打击有效、惩治有力。最高人民法院将联合有关部门开展医保基金使用违法违规问题专项整治工作，继续深化医保骗保问题整治，确保专项整治工作取得实效。

四是加强诉源治理。坚持治罪和治理并重，依法能动履职，积极参与企业合规改革，结合办理案件，深入调查研究，发现社会治理和行业监管存在的问题和漏洞，向有关部门提出有针对性的司法建议，促使有关部门完善监管、堵塞漏洞，推动依法治理、系统治理、综合治理、源头治理，建立健全防范医保骗保违法犯罪长效机制。

（来源：最高人民检察院网站）

地方司法业务文件与解读

广东省法律援助条例

（1999 年 8 月 5 日广东省第九届人民代表大会常务委员会第十一次会议通过　2006 年 9 月 28 日广东省第十届人民代表大会常务委员会第二十七次会议第一次修订　2016 年 2 月 26 日广东省第十二届人民代表大会常务委员会第二十四次会议第二次修订　2024 年 3 月 29 日广东省第十四届人民代表大会常务委员会第九次会议第三次修订）

第一章　总　　则

第一条　为了规范和促进法律援助工作，保障公民和有关当事人的合法权益，保障法律正确实施，维护社会公平正义，根据《中华人民共和国法律援助法》和有关法律、行政法规，结合本省实际，制定本条例。

第二条　法律援助工作坚持中国共产党领导，坚持以人民为中心，尊重和保障人权，遵循公开、公平、公正的原则，实行国家保障与社会参与相结合。

第三条　县级以上人民政府应当将法律援助工作纳入国民经济和社会发展规划、基本公共服务体系，健全法律援助保障体系，将法律援助所需经费列入本级政府预算并建立动态调整机制，保障法律援助事业与经济社会协调发展。

省、地级以上市人民政府可以对困难地区给予补助，促进法律援助均衡发展。

第四条 县级以上人民政府司法行政部门指导、监督本行政区域的法律援助工作。

县级以上人民政府其他有关部门依照各自职责，为法律援助工作提供支持和保障。

乡镇人民政府、街道办事处应当协同做好法律援助工作。

第五条 人民法院、人民检察院、公安机关应当在各自职责范围内保障当事人依法获得法律援助，为法律援助人员开展工作提供便利。

第六条 县级以上人民政府司法行政部门应当设立法律援助机构。法律援助机构负责组织实施法律援助工作，受理、审查法律援助申请，指派或者安排律师、基层法律服务工作者、法律援助志愿者等法律援助人员提供法律援助，支付法律援助补贴。

第七条 律师协会应当指导和支持律师事务所、律师参与法律援助工作，按照规定将履行法律援助义务的情况纳入年度考核内容，督促律师遵守职业道德和执业纪律，配合司法行政部门加强法律援助宣传、人员培训和服务质量管理。

第八条 鼓励和支持群团组织、事业单位、社会组织在司法行政部门指导下，利用自身资源依法提供法律援助。支持符合条件的志愿者参与法律援助工作。

鼓励和支持企业事业单位、社会组织和个人等社会力量，依法通过捐赠等方式为法律援助事业提供支持；对符合条件的，依法给予税收优惠。

第九条 法律援助机构和法律援助人员应当依法履行职责，遵守服务规范，及时为受援人提供符合标准的法律援助服务，确保法律援助质量。

省人民政府司法行政部门应当建立健全法律援助质量标准和质量评估体系。

第十条 司法行政部门应当加强法律援助宣传教育，普及法律援助知识。

广播、电视、报刊、互联网等媒体应当开展法律援助公益宣传，并加强舆论监督。

第十一条 县级以上人民政府对在法律援助工作中做出突出贡献的组织和个人，按照有关规定给予表彰、奖励。

第二章 形式与范围

第十二条 法律援助机构可以组织法律援助人员依法提供下列形式的法律援助服务：

（一）法律咨询；

（二）代拟法律文书；

（三）刑事辩护与代理；

（四）民事案件、行政案件、国家赔偿案件的诉讼代理及非诉讼代理；

（五）值班律师法律帮助；

（六）劳动争议调解与仲裁代理；

（七）法律、法规、规章规定的其他形式。

第十三条 经济困难公民、符合法定条件的其他当事人在遇有法律问题或者因合法权益受到侵害主张相关权利时没有委托代理人的，可以向法律援助机构申请法律援助。

刑事案件的犯罪嫌疑人、被告人因经济困难或者其他原因没有委托辩护人的，本人及其近亲属可以向法律援助机构申请法律援助。

第十四条 刑事案件的犯罪嫌疑人、被告人属于下列人员之一，没有委托辩护人的，人民法院、人民检察院、公安机关应当通知法律援助机构指派律师担任辩护人：

（一）未成年人；

（二）视力、听力、言语残疾人；

（三）不能完全辨认自己行为的成年人；

（四）可能被判处无期徒刑、死刑的人；

（五）高级人民法院死刑复核案件的被告人；

（六）缺席审判案件的被告人；

（七）法律法规规定的其他人员。

其他刑事案件中通知法律援助机构指派律师担任辩护人的，按照国家和省的规定执行。

第十五条 符合本条例第十四条第一款规定情形的犯罪嫌疑人、被告人拒绝法律援助机构指派的律师为其辩护的，人民法院、人民检察院、公安机关应当查明拒绝的原因，有正当理由的，应当准许，将犯罪嫌疑人、被告人拒绝辩护的情况书面告知法律援助机构，同时告知犯罪嫌疑人、被告人需另行委托辩护人。犯罪嫌疑人、被告人未另行委托辩护人的，人民法院、人民检察院、公安机关应当依法通知法律援助机构另行指派律师为其提供辩护。

第十六条 人民法院审理强制医疗案件，被申请人或者被告人没有委托诉讼代理人的，应当通知法律援助机构指派律师为其提供法律援助。

第十七条 法律援助机构根据需要在人民法院、人民检察院、看守所等办案机关、监管场所派驻值班律师，依法为没有辩护人的犯罪嫌疑人、被告人提供法律咨询、程序选择建议、申请变更强制措施、对案件处理提出意见等法律帮助，相关单位应当给予协助。

犯罪嫌疑人、被告人认罪认罚的，值班律师还应当提供以下法律帮助：

（一）向犯罪嫌疑人、被告人释明认罪认罚的性质和法律规定；

（二）对人民检察院指控罪名、量刑建议、诉讼程序适用等事项提出意见；

（三）犯罪嫌疑人签署认罪认罚具结书时在场。

第十八条 人民法院、人民检察院、公安机关应当告知没有辩护人的犯罪嫌疑人、被告人有权约见值班律师获得法律帮助，并依法为值班律师了解案件有关情况、阅卷、会见等提供便利。

看守所应当告知犯罪嫌疑人、被告人有权约见值班律师，并为其约见值班律师提供便利。

第十九条 省人民政府应当根据本省经济发展状况和法律援助工作需要制定法律援助经济困难标准，并实行动态调整。

地级以上市人民政府为扩大受援人范围，可以根据本行政区域的实际情况调整法律援助经济困难标准。

法律援助经济困难标准应当向社会公布。

第三章　申请与受理

第二十条 经济困难公民、符合法定条件的其他当事人申请法律援助，由本人或者代理人到法律援助机构当面递交法律援助申请，也可以采用邮寄申请、网络申请等方式。

对依申请提供法律援助的刑事案件，由申请人向人民法院、人民检察院、公安机关所在地的同级司法行政部门所属法律援助机构提出申请。

对劳动争议案件及其他民事法律援助案件、行政法律援助案件、国家赔偿案件，由申请人向有管辖权的劳动人事争议仲裁机构、复议机关、人民法院、赔偿义务机关所在地的同级司法行政部门所属法律援助机构提出申请。

对申请其他法律事务的，由申请人向争议处理机关所在地、义务机关所在地、义务人住所地、被请求人住所地或者事由发生地的法律援助机构提出申请。

行动不便的残疾人，高龄、失能或者部分失能等行动不便的老年人，申请的法律援助事项属于本省审理或者处理的，可以向距离最近的法律援助机构提出申请。法律援助机构对不属于本机构受理范围的，应当及时转交有受理权的法律援助机构。

第二十一条 申请代理、辩护或者代拟法律文书的法律援助，申请人应当如实提交下列申请材料：

（一）法律援助申请表；

（二）居民身份证或者其他有效的身份证明，代理申请人还应当提交有代理权的证明；

（三）经济困难说明材料，或者依法不受经济困难条件限制的证明材料；

（四）与所申请法律援助事项有关的其他材料。

申请人提交的申请材料不齐全的，法律援助机构应当一次性告知申请人需要补充的材料或者要求申请人作出说明。申请人未按要求补充材料或者作出说明的，视为撤回申请。

第二十二条 法律援助申请人有材料证明属于下列人员之一的，免予核查经济困难状况：

（一）无固定生活来源的未成年人、老年人等特定群体；

（二）社会救助、司法救助或者优抚对象；

（三）申请支付劳动报酬或者请求工伤事故人身损害赔偿的进城务工人员；

（四）困难残疾人家庭、一户多残、重度残疾或者无固定生活来源的残疾人；

（五）因经济困难申请并获得法律援助之日起，一年内再次申请法律援助的人员；

（六）刑满释放、解除强制隔离戒毒后无固定生活来源的人员；

（七）法律、法规、规章规定的其他人员。

第二十三条 法律援助申请人有材料证明符合下列情形之一的，不受经济困难条件的限制：

（一）英雄烈士近亲属为维护英雄烈士的人格权益；

（二）因见义勇为行为主张相关民事权益；

（三）再审改判无罪请求国家赔偿；

（四）遭受虐待、遗弃或者家庭暴力的受害人以及刑事案件的未成年被害人主张相关权益；

（五）服刑人员就人民法院决定再审或者重新审判的申诉案件申请法律援助；

（六）追索赡养费、抚养费、扶养费；

（七）属于计划生育家庭特别扶助制度扶助对象；

（八）法律、法规、规章规定的其他情形。

第二十四条 无民事行为能力人或者限制民事行为能力人需要法律援助的，可以由其法定代理人依法代为申请。法定代理人侵犯无民事行为能力人、限制民事行为能力人合法权益的，其他法定代理人或者近亲属可以代为提出法律援助申请。没有法定代理人的，可以由申请人所在地的村民委员会、居民委员会、民政部门或者法律法规规定的单位或者人员代为申请。

第二十五条 被羁押的犯罪嫌疑人、被告人、服刑人员，以及强制隔离戒毒人员，可以通过办案机关或者监管场所提出法律援助申请，也可以由其法定代理人或者近亲属代为提出。

相关单位应当在收到法律援助申请后二十四小时内，将申请转交有受理权的法律援助机构，并于三日内通知申请人的法定代理人、近亲属或者委托代理人协助向法律援助机构提供有关证件、证明等材料。

犯罪嫌疑人、被告人、服刑人员、强制隔离戒毒人员没有法定代理人、近亲属，或者其法定代理人、近亲属无法通知的，相关单位应当在转交法律援助申请材料时一并告知有受理权的法律援助机构。

第二十六条 人民法院、人民检察院、公安机关通知辩护的刑事法律援助案件，由人民法院、人民检察院、公安机关所在地的同级司法行政部门所属法律援助机构统一组织办理。

值班律师法律帮助案件，由人民法院、人民检察院、公安机关所在地的同级司法行政部门所属法律援助机构统一组织办理，也可以由被羁押的犯罪嫌疑人、被告人监管场所所在地的法律援助机构组织办理。

人民法院通知代理的强制医疗案件，由人民法院所在地的同级司法行政部门所属法律援助机构统一组织办理。

第二十七条 两个以上法律援助机构都有权受理的法律援助事项，申请人可以向其中一个法律援助机构申请。

申请人就同一事项向两个以上有权受理的法律援助机构提出申请的，由最先收到申请的法律援助机构受理。

法律援助机构之间发生受理争议时，由发生受理争议的法律援助机构的共同上一级司法行政部门协调解决。

县级人民政府司法行政部门所属法律援助机构受理的案件量过大、超过其办理能力的，可以报请地级以上市人民政府司法行政部门按照就近、便利的原则协调其他法律援助机构办理。

第二十八条 法律援助机构受理法律援助申请，应当进行登记，接收申请材料，出具接收凭证。

第四章 审查与实施

第二十九条 法律援助机构应当自收到法律援助申请材料之日起七

日内进行审查。对免予核查经济困难状况和不受经济困难条件限制的法律援助申请，法律援助机构应当自收到申请材料之日起五日内进行审查。

申请人提供补充材料、作出说明和法律援助机构请求异地法律援助机构协作核查的时间，不计入审查决定期限。

第三十条 法律援助机构应当根据下列条件，对法律援助申请进行审查：

（一）申请人系公民或者符合法定条件的其他当事人且没有委托代理人或者辩护人；

（二）因维护自身合法权益需要法律援助；

（三）本机构对于申请事项有管辖权；

（四）符合本省的法律援助经济困难标准，或者申请事项依法不受经济困难条件限制。

第三十一条 法律援助机构核查申请人的经济困难状况，可以通过在线核查、现场核查、协助核查等方式调查核实，或者由申请人进行个人诚信承诺。

法律援助机构开展核查工作，公安、民政、人力资源社会保障、政务服务数据管理等有关部门、单位、村民委员会、居民委员会和个人应当予以协助和配合。

第三十二条 法律援助机构审查后认定符合法律援助条件的，应当作出给予法律援助决定并书面通知申请人。

法律援助机构审查后认定不符合法律援助条件的，应当作出不予法律援助决定并书面通知申请人。不予法律援助决定书应当载明不予法律援助的理由及申请人提出异议的期限、途径和方式。

第三十三条 申请人申请法律咨询的，法律援助机构应当即时办理，无须审查和作出法律援助决定。

第三十四条 法律援助机构可以根据不同申请事项确定提供法律援

助的形式。案情简单、诉讼标的小的，法律援助机构可以提供法律咨询、代拟法律文书形式的法律援助，也可以指导当事人自行诉讼。

第三十五条 负责审查法律援助申请的法律援助机构工作人员有下列情形之一的，应当回避：

（一）是法律援助事项的申请人、相对人或者申请人、相对人的近亲属；

（二）本人或者其近亲属与申请法律援助事项有直接利害关系。

第三十六条 法律援助机构应当自作出给予法律援助决定之日起三日内指派法律援助人员，并将确定的法律援助人员姓名、联系方式告知受援人。

人民法院、人民检察院、公安机关通知法律援助机构指派律师的，法律援助机构应当自收到通知之日起三日内指派律师并通知相关机关。

对于可能被判处无期徒刑、死刑的人，以及死刑复核案件的被告人，法律援助机构应当指派具有三年以上刑事辩护执业经历的律师担任辩护人。

对于刑事案件的未成年犯罪嫌疑人、被告人及其他未成年受援人，法律援助机构应当指派熟悉未成年人身心特点的律师担任辩护人或者代理人。

第三十七条 有下列情形之一的，法律援助机构可以决定先行提供法律援助：

（一）距法定时效或者期限届满不足七日，需要及时提起诉讼或者申请仲裁、行政复议；

（二）需要立即申请财产保全、证据保全、行为保全或者先予执行；

（三）法律、法规、规章规定的其他紧急或者特殊情形。

受援人应当在法律援助机构确定的期限内补交规定的申请材料。受援人没有在规定的期限内补交申请材料，或者法律援助机构审查认为受援人不符合法律援助条件的，应当终止法律援助。

第三十八条 法律援助人员有下列情形之一的，法律援助机构应当另行指派法律援助人员：

（一）与承办的法律援助事项有利害关系；

（二）依法丧失辩护人或者代理人资格；

（三）因承办法律援助事项过程中的违法违规行为被处罚或者处分；

（四）因疾病、出国留学、长期外出等特殊原因，无法继续承办法律援助事项；

（五）有本条例第四十四条规定的行为之一，法律援助机构决定更换法律援助人员；

（六）其他有必要另行指派法律援助人员的情形。

第三十九条 有下列情形之一的，法律援助机构应当决定终止法律援助：

（一）受援人以欺骗或者其他不正当手段获得法律援助；

（二）受援人故意隐瞒与案件有关的重要事实或者提供虚假证据、材料；

（三）受援人利用法律援助从事违法活动；

（四）受援人的经济状况发生变化，不再符合法律援助条件；

（五）案件依法终止审理或者被撤销；

（六）受援人自行委托其他代理人或者辩护人；

（七）受援人有正当理由要求终止法律援助；

（八）依申请提供法律援助的案件，受援人拒绝法律援助机构指派的法律援助人员为其辩护或者代理；

（九）受援人拒不签署应当由其本人签字的法律文书和有关材料，导致法律援助事项无法办理，但受援人属于本条例第十四条第一款规定情形的除外；

（十）受援人失去联系或者死亡，无法继续为其提供法律援助；

（十一）法律法规规定应当终止的其他情形。

法律援助机构决定终止法律援助的，除前款第十项规定的情形外，应当将终止法律援助决定书送达受援人。

第四十条 申请人、受援人对法律援助机构不予法律援助、终止法律援助决定有异议的，可以自收到决定之日起十五日内向设立该法律援助机构的司法行政部门提出。

司法行政部门应当自收到异议之日起五日内进行审查，作出维持法律援助机构决定或者责令法律援助机构改正的决定。

申请人、受援人对司法行政部门维持法律援助机构决定不服的，可以依法申请行政复议或者提起行政诉讼。

第四十一条 法律援助人员在办结法律援助事项后，应当自结案之日起三十日内向法律援助机构提交符合规定的结案归档文件材料。

法律援助机构应当自收到法律援助人员提交的结案归档文件材料之日起三十日内，依照有关规定向法律援助人员支付法律援助补贴。经法律援助机构负责人批准，法律援助机构也可以根据办案需要于结案前先予支付法律援助补贴。

第五章　保障与监督

第四十二条 省人民政府司法行政部门会同同级财政部门，根据本省经济发展水平和法律援助的服务类型、承办成本、基本劳务费用等因素制定法律援助补贴标准，并实行动态调整。

地级以上市、县级人民政府有关部门可以根据本地经济发展水平，在省制定的补贴标准的基础上适当提高。

第四十三条 受援人在接受法律援助过程中，有权向法律援助机构和法律援助人员了解法律援助事项办理情况。

法律援助机构和法律援助人员应当及时向受援人通报法律援助事项办理情况。

第四十四条 法律援助人员在法律援助过程中未依法履行职责，有下列情形之一的，受援人可以申请法律援助机构更换法律援助人员：

（一）拖延办理法律援助事项；

（二）擅自终止或者转交他人办理法律援助事项；

（三）泄露在办理法律援助事项中知悉的国家秘密、商业秘密和当事人的隐私；

（四）向受援人收取财物或者谋取其他不正当利益；

（五）指使、煽动、教唆、诱导受援人采取非法手段解决争议和纠纷；

（六）与他人恶意串通侵害受援人合法权益；

（七）法律、法规、规章规定的其他未依法履行职责的行为。

法律援助机构应当自受理申请之日起五日内决定是否更换法律援助人员，并告知受援人。

第四十五条 司法行政部门应当建立健全法律援助工作投诉查处制度，向社会公布投诉举报的方式和渠道，接到投诉后，应当依照有关规定受理和调查处理，并及时向投诉人告知处理结果。

第四十六条 人民法院应当根据情况对受援人缓收、减收或者免收诉讼费用；对法律援助人员复制相关材料等费用予以免收或者减收。

受援人凭法律援助机构提供的有效文件申请办理公证、司法鉴定的，公证机构、司法鉴定机构受理后应当减收或者免收公证费用、司法鉴定费用。

受援人凭法律援助机构提供的有效文件申请勘验、评估、审计的，司法机关、行政机关和相关机构依照规定缓收、减收或者免收勘验费、评估费、审计费。

第四十七条 受援人应当协助、配合法律援助机构和法律援助人员的工作，不得有下列行为：

（一）以欺骗、虚假诚信承诺或者其他不正当手段获得法律援助；

（二）故意隐瞒与案件有关的重要事实或者提供虚假证据、材料；

（三）利用法律援助从事违法活动；

（四）无正当理由要求更换法律援助人员；

（五）要求法律援助人员提出没有事实和法律依据的请求；

（六）干扰、妨碍法律援助人员办理法律援助事项或者威胁法律援助人员；

（七）其他不配合法律援助机构和法律援助人员的行为。

第四十八条 律师、律师事务所应当依法履行法律援助义务。本地律师资源不足，无法满足法律援助需求的，由上一级司法行政部门组织协调。

基层法律服务工作者、基层法律服务所应当承担与其工作范围相适应的法律援助义务。

律师、基层法律服务工作者，律师事务所、基层法律服务所无正当理由不得拒绝承办本行政区域法律援助机构指派的法律援助事项。

第四十九条 法律援助人员在办理法律援助事项过程中，可以请求法律援助机构出具必要的证明材料或者与有关机关、单位进行协调，法律援助机构应当在职责范围内予以协助。

法律援助人员办理法律援助事项需要翻译、专家服务的，可以申请法律援助机构协助解决。

第五十条 法律援助人员应当按照法律援助机构要求报告法律援助事项办理情况。

法律援助事项有下列情形之一的，法律援助人员应当及时向法律援助机构报告：

（一）刑事法律援助案件的受援人拒绝其辩护或者代理；

（二）有依法应当终止法律援助的情形；

（三）主要证据认定、适用法律等方面存在重大疑义；

（四）发现与本案存在利害关系或者因客观原因无法继续承办案件；

（五）涉及群体性事件；

（六）有重大社会影响；

（七）其他复杂、疑难情形。

第五十一条 法律援助机构应当建立健全法律援助便民服务窗口，安排法律专业人员免费提供法律咨询服务。

法律援助机构应当在乡镇、街道、村、社区及法律援助需求集中的地区或者单位建立法律援助工作站点，在偏远地区和困难群众集中的地区设立流动工作站巡回受理法律援助申请。

第五十二条 司法行政部门、法律援助机构应当建立法律援助信息公开制度，定期向社会公布法律援助资金使用、案件办理、质量考核结果等情况，接受社会监督。

第五十三条 法律援助机构应当综合运用质量评估、庭审旁听、案卷检查、征询办案机关和回访受援人等方式，加强法律援助质量管理。

第五十四条 人民法院、人民检察院、公安机关、行政复议机关、劳动人事争议仲裁机构和有关部门工作人员在办理案件或者相关事务过程中，应当及时告知当事人如果符合法律援助条件，有权申请法律援助。

第五十五条 县级以上人民政府公安、民政、人力资源社会保障、自然资源、住房城乡建设、市场监管、税务、政务服务数据管理等有关单位应当加强与法律援助机构的协调配合和相关信息数据共享。

第五十六条 司法行政部门应当建立法律援助信用信息记录、归集、推送工作机制，依照国家有关规定建立法律援助申请人诚信档案和虚假承诺失信名单，并共享至同级信用信息平台。

第六章　法律责任

第五十七条　国家机关及其工作人员、法律援助机构及其工作人员，律师事务所、基层法律服务所、律师、基层法律服务工作者在法律援助工作中违反规定的，依照有关法律、法规、规章承担相应的法律责任。

第五十八条　受援人以欺骗或者其他不正当手段获得法律援助的，由司法行政部门责令其支付已实施法律援助的费用，并处一千元以下罚款；情节严重的，并处一千元以上三千元以下罚款。

受援人同时符合纳入虚假承诺失信名单情形的，司法行政部门应当共享至同级信用信息平台。

第五十九条　冒用法律援助名义提供法律服务并谋取利益的，由司法行政部门责令改正，没收违法所得。情节较轻的，并处违法所得一倍罚款；情节较重的，并处违法所得两倍罚款；情节严重的，并处违法所得三倍罚款。

第六十条　法律援助机构未按照办理法律援助事项补贴标准向法律援助人员支付补贴的，由司法行政部门责令改正；情节严重的，对直接负责的主管人员和其他直接责任人员依法给予处分。

第七章　附　　则

第六十一条　本条例所称法律援助人员，是指接受法律援助机构指派或者安排，依法为经济困难公民和符合法定条件的其他当事人提供法律援助服务的律师、基层法律服务工作者、法律援助志愿者以及法律援助机构中具有律师资格或者法律职业资格的工作人员。

第六十二条　军人军属申请法律援助，按照国家有关规定执行。

第六十三条　本条例自 2024 年 5 月 1 日起施行。

解读《广东省法律援助条例》

广东省人民代表大会常务委员会相关负责人

法律援助是国家建立的为经济困难公民和符合法定条件的其他当事人无偿提供法律咨询、代理、刑事辩护等法律服务的制度，是公共法律服务体系的组成部分。法律援助作为维护社会公平正义的重要法律制度，是扶贫济弱的民生工程，做好法律援助工作，有利于贯彻公民在法律面前一律平等的宪法原则，使公民不论经济条件好坏和社会地位高低都能获得及时的、必要的法律服务。

作为全国首个省级法律援助地方性法规，《广东省法律援助条例》（以下简称《条例》）自1999年实施至今，历经2006年、2016年两次修订，为规范和促进我省法律援助事业发展发挥了重要作用。随着我国经济社会的不断发展，人民群众在民主、法治、公平、正义等方面的需求日益增长，党和国家对法律援助工作也提出了新的要求。党的十八届三中、四中全会明确提出，完善法律援助制度，扩大援助范围。《中共中央办公厅、国务院办公厅关于完善法律援助制度的意见》和《中共广东省委办公厅、广东省人民政府办公厅关于完善法律援助制度的实施意见》也提出了推进法律援助立法工作、提高法治化水平、提高法律援助质量等要求。2022年1月1日，法律援助法开始施行，适当扩大了法律援助范围，规定了法律援助的程序，明确了法律援助的保障措施。在这种背景下，《条例》部分条款与上位法、国家和省的相关要求不相适应，已经滞后于法律援助工作高质量发展需要。

这次《条例》修订由省司法厅起草，2023 年 11 月省政府将《条例》修订草案提交省人大常委会审议，于 2024 年 3 月 29 日经省十四届人大常委会第九次会议审议通过，自 2024 年 5 月 1 日起实施。省人大常委会深入贯彻落实上位法和党中央、国务院决策部署以及省委有关要求，在法律援助法规定的基础上，坚持立足我省实际，适应经济社会发展，兼顾区域差异，始终把维护人民群众合法权益作为出发点和落脚点，总结和固化近年来我省法律援助工作的经验成果，对《条例》进行全面修订，为困难群众获得均等普惠、便捷高效的法律援助服务提供有力的法治保障。修订后的《条例》直面我省法律援助工作新问题、新挑战，进一步加大法律援助力度，完善法律援助实施程序、保障监督和法律责任，对推动构建我省法律援助工作高质量发展的新格局，保障公民和有关当事人的合法权益，维护社会公平正义具有重大意义。

降低法律援助门槛，优化便民服务制度

在实施和完善法律援助制度的基础上，必须着眼于保护人民的合法权益，服务于人民的法律援助需求。这次修订在法律援助法和 2016 年《条例》规定的基础上，从加强对困难群众保护的角度出发，不断加大法律援助的力度，进一步推动以人民为中心的法治理念贯彻落实，使法律援助惠及更多贫弱群体。

一是扩大法律援助范围。为适当扩大法律援助覆盖面，《条例》第二十二条、第二十三条结合我省实际情况作了修改，包括放宽残疾人免予核查经济困难状况的条件，从“重度残疾且无固定生活来源”修改为“重度残疾或者无固定生活来源的残疾人”；增加申请法律援助不受经济困难条件限制的情形，将“刑事案件的未成年被害人主张相关权益”和“属于计划生育家庭特别扶助制度扶助对象”列入不受经济困难条件限制的情形，将“追索赡养费、抚养费、扶养费”的情形从免予核查经济困难状况进一步放宽为不受经济困难条件限制等，力求能让

更多需要法律援助的人享受法律援助服务。

二是便捷法律援助申请。为方便群众申请法律援助，《条例》第二十条增加了申请法律援助的方式，规定经济困难公民、符合法定条件的其他当事人申请法律援助，可以到法律援助机构当面递交法律援助申请，也可以采用邮寄申请、网络申请等方式；第五十一条明确了建立法律援助工作站点，规定法律援助机构应当建立健全法律援助便民服务窗口，在乡镇、街道、村、社区及法律援助需求集中的地区或者单位建立法律援助工作站点，在偏远地区和困难群众集中的地区设立流动工作站巡回受理法律援助申请。为进一步便利特殊群体申请法律援助，《条例》第二十条规定行动不便的残疾人，高龄、失能或者部分失能等行动不便的老年人，申请的法律援助事项属于本省审理或者处理的，可以向距离最近的法律援助机构提出申请。

三是先行提供法律援助。《条例》第三十七条规定，对于距法定时效或者期限届满不足七日，以及需要立即申请财产保全、证据保全、行为保全或者先予执行等特殊情况，法律援助机构可以决定先行提供法律援助，事后由受援人在法律援助机构确定的期限内补交规定的申请材料。

完善法律援助程序，持续提升服务效率

为更好解决人民群众的法律援助需求，法律援助工作在申请提出、案件管辖、审查决定、服务救济等方面有必要更加合理化、规范化。这次修订在2016年《条例》规定的基础上，结合我省实际，积极推动加以理顺，将规范高效贯穿到法律援助的各环节全流程。

一是完善法律援助的管辖原则。为快速便捷处理管辖权争议，《条例》第二十七条规定法律援助机构之间发生受理争议时，由其共同上一级司法行政部门协调解决；同时，为解决部分地方法律援助案件量过大问题，增加了法律援助机构受理的案件量过大、超过其办理能力的，

可以报请地级以上市人民政府司法行政部门按照就近、便利的原则协调其他法律援助机构办理的规定。

二是明确法律援助申请的审查标准。为实现应援尽援，《条例》第三十条规定，法律援助机构应当根据下列条件，对法律援助申请进行审查：申请人系公民或者符合法定条件的其他当事人且没有委托代理人或者辩护人；因维护自身合法权益需要法律援助；本机构对于申请事项有管辖权；符合本省的法律援助经济困难标准，或者申请事项依法不受经济困难条件限制；等等。

三是明确异议审查的提出时间。《条例》第四十条规定申请人、受援人对法律援助机构不予法律援助、终止法律援助决定有异议的，可以自收到决定之日起十五日内向设立该法律援助机构的司法行政部门提出。司法行政部门应当自收到异议之日起五日内进行审查，作出维持法律援助机构决定或者责令法律援助机构改正的决定。

提升法律援助办案质量，强化法律援助信息公开

法律援助是政府责任，政府有责任对法律援助服务质量进行监督管理。这次修订着眼于加强法律援助质量管理，进一步完善制度规定，对于促进法律援助服务质量的提高、维护法律援助公信力、提高受援群众法治领域获得感具有重要意义。

一是明确法律援助质量监管制度。《条例》第五十三条规定法律援助机构应当综合运用质量评估、庭审旁听、案卷检查、征询办案机关和回访受援人等方式，加强法律援助质量管理。第四十四条完善了更换法律援助人员制度，规定法律援助人员在法律援助过程中未依法履行职责，有拖延办理法律援助事项等七种情形的，受援人可以申请法律援助机构更换法律援助人员。第四十五条明确了投诉查处制度，规定司法行政部门应当建立健全法律援助工作投诉查处制度，向社会公布投诉举报的方式和渠道，并及时向投诉人告知处理结果。

二是提高未成年人案件的办理质量。《条例》第三十六条明确规定对刑事案件除未成年犯罪嫌疑人、被告人以外的其他未成年受援人，法律援助机构也应当指派熟悉未成年人身心特点的律师担任辩护人或代理人。

三是建立法律援助信息公开制度。《条例》第五十二条规定司法行政部门、法律援助机构应当建立法律援助信息公开制度，定期向社会公布法律援助资金使用、案件办理、质量考核结果等情况，接受社会监督。

固化司法改革成果，完善法律援助制度

近年来，我省相继开展了刑事案件律师辩护全覆盖、值班律师法律帮助、法律援助证明事项告知承诺制等司法改革工作，取得了良好的社会效果。这次修订及时对司法改革经验成果予以总结和固化，通过完善相关法律援助制度，充分保障犯罪嫌疑人、被告人依法享有的诉讼权利，最大限度便民利民，让每一名法律援助申请人、受援人都能感受到公平正义。

一是衔接刑事案件律师辩护全覆盖改革试点要求。《条例》第十四条明确了办案机关通知法律援助机构指派律师担任辩护人辩护的范围情形，规定七类刑事案件的犯罪嫌疑人、被告人没有委托辩护人的，人民法院、人民检察院、公安机关应当通知法律援助机构指派律师担任辩护人，并规定其他刑事案件中通知法律援助机构指派律师担任辩护人的，按照国家和省的规定执行。

二是建立值班律师法律帮助制度。《条例》第十七条规定了法律援助机构根据需要在人民法院、人民检察院、看守所等办案机关、监管场所派驻值班律师，明确了值班律师的具体职责，并细化了值班律师在认罪认罚案件中提供法律帮助内容。第十八条规定了办案机关和监管场所告知没有辩护人的犯罪嫌疑人、被告人有权约见值班律师并提供便利的

义务。第五十四条还规定了人民法院、人民检察院、公安机关、行政复议机关、劳动人事争议仲裁机构和有关部门工作人员在办理案件或者相关事务过程中，应当及时告知当事人如果符合法律援助条件，有权申请法律援助的义务。

三是优化经济困难状况核查的方式。《条例》第三十一条规定了法律援助机构核查申请人的经济困难状况，可以通过在线核查、现场核查、协助核查等方式调查核实，有关部门、单位及社会组织、村（居）委会和个人应当协助和配合的义务，并明确“也可以由申请人进行个人诚信承诺”。

明确政府职责，鼓励社会参与

法律援助由国家承担主体责任，采取政府司法行政部门主导、有关部门和单位配合、社会力量参与的体制机制。这次修订在落实法律援助法“法律援助服务是公共法律服务”“实行国家保障与社会参与相结合”等定位的基础上，直面我省区域发展不均衡和法律援助实践中经费保障方面的问题，进一步压实各方责任，提高法律援助工作的责任意识。

一是明确县级以上人民政府的职责。《条例》第三条规定县级以上人民政府应当将法律援助工作纳入国民经济和社会发展规划、基本公共服务体系，健全法律援助保障体系，将法律援助所需经费列入本级政府预算并建立动态调整机制，保障法律援助事业与经济社会协调发展。并规定省、地级以上市人民政府可以对困难地区给予补助，促进法律援助均衡发展。

二是明确司法行政部门和政府其他有关部门、办案机关、法律援助机构相应的法律援助职责。《条例》第四条规定县级以上人民政府司法行政部门指导、监督本行政区域的法律援助工作。县级以上人民政府其他有关部门依照各自职责，为法律援助工作提供支持和保障，并规定乡镇人民政府、街道办事处应当协同做好法律援助工作。同时，第五条规定人民法院、人民检察院、公安机关应当在各自职责范围内保障当事人依法获得法律援助，为法律援助人员开展工作提供便利。第六条规定法律援助机构负责组织实施法律援助工作，指派或者安排法律援助人员提供法律援助等职责。

三是细化律师协会的职责。《条例》第七条明确律师协会应当按照规定将履行法律援助义务的情况纳入年度考核内容，督促律师遵守职业道德和执业纪律，配合司法行政部门加强法律援助宣传、人员培训和服务质量管理。

四是鼓励社会力量的参与。《条例》第八条规定鼓励和支持群团组织、事业单位、社会组织在司法行政部门指导下，利用自身资源依法提供法律援助，支持符合条件的志愿者参与法律援助工作。并规定鼓励和支持企业事业单位、社会组织和个人等社会力量，依法通过捐赠等方式为法律援助事业提供支持；对符合条件的，依法给予税收优惠，有利于缓解政府法律援助经费保障不足的问题。第十条还规定广播、电视、报刊、互联网等媒体应当开展法律援助公益宣传，并加强舆论监督等。

（来源：广东人大网）

指导案例、典型案例与解读

最高人民检察院

关于印发最高人民检察院第五十批指导性案例的通知

（2024 年 2 月 22 日最高人民检察院发布）

各省、自治区、直辖市人民检察院，解放军军事检察院，新疆生产建设兵团人民检察院：

经 2023 年 12 月 29 日最高人民检察院第十四届检察委员会第十九次会议决定，现将“隋某某利用网络猥亵儿童，强奸，敲诈勒索，制作、贩卖、传播淫秽物品牟利案”等五件案例（检例第 200—204 号）作为第五十批指导性案例（未成年人网络保护主题）发布，供参照适用。

隋某某利用网络猥亵儿童，强奸，敲诈勒索制作、贩卖、传播淫秽物品牟利案

（检例第 200 号）

【关键词】

未成年人网络保护　隔空猥亵　强奸　阻断传播　网络保护综合治理

【要旨】

对性侵害未成年人犯罪要依法从严惩处。行为人实施线上猥亵犯罪行为后，又以散布私密照片、视频相要挟，强迫未成年被害人与其发生性关系的，构成两个独立的犯罪行为，应分别认定为猥亵儿童罪和强奸罪。办案中发现未成年被害人私密照片、视频在互联网传播扩散的，检察机关应当及时协调有关部门删除信息、阻断传播。检察机关要能动发挥法律监督职能，积极推动各方协同发力，共同加强未成年人网络保护。

【基本案情】

被告人隋某某，男，2002 年 12 月 6 日出生，无业。

被害人刘某某，女，2009 年 2 月 27 日出生，学生。

2022 年 1 月，隋某某通过网络社交软件添加未成年被害人刘某某为好友，随后多次向刘某某发送淫秽视频，并威胁、诱导刘某某自拍裸照、裸体视频发送其观看。2022 年 2 月 8 日、15 日，隋某某以传播刘某某裸照、裸体视频相威胁，两次强迫刘某某与其发生性关系。隋某某还以传播照片、视频相威胁，先后三次向刘某某索要钱财，共计得款人民币 840 元。2022 年 3 月 5 日，隋某某将编辑后的刘某某视频以 5 元一件的价格出售给王某某等多人，其中 7 人为未成年学生，获利人民币 50 元。

【检察机关履职过程】

审查逮捕。2022 年 3 月 11 日，班主任发现刘某某表现异常后报警。山东省某市公安局某区分局于当日将隋某某抓获。2022 年 4 月 11 日，公安机关以隋某某涉嫌强奸罪，敲诈勒索罪，制作、贩卖、传播淫秽物品牟利罪向山东省某市某区人民检察院提请批准逮捕。公安机关认为，利用网络实施猥亵是犯罪嫌疑人实现强奸犯罪的手段，应按强奸一罪处理。检察机关审查认为，本案系性侵害未成年人犯罪，情节恶劣，严重损害未成年人身心健康，应当依法从严惩处。根据本案证据，隋某某最初系以刺激、满足性欲为目的，要求被害人拍摄裸照、裸体视频发送供其观看。收到被害人照片、视频后，认为被害人易哄骗、好控制，继而又产生与被害人发生性关系的犯罪意图，后实施强奸行为。本案猥亵行为与强奸行为相隔9天，具有明显的时空间隔，猥亵行为和强奸行为给被害人造成两次不同性质和程度的伤害。隋某某的线上猥亵是独立的犯罪行为，因此不宜评价为强奸犯罪的手段，应当认定为猥亵儿童罪。检察机关在依法批准逮捕隋某某的同时，与公安机关及时沟通，明确补充侦查方向，督促进一步查清隋某某实施猥亵儿童犯罪的事实。

审查起诉及处理结果。2022年6月17日，公安机关以隋某某涉嫌猥亵儿童罪，强奸罪，敲诈勒索罪，制作、贩卖、传播淫秽物品牟利罪移送检察机关审查起诉。2022年7月15日，检察机关向人民法院提起公诉。2022年8月11日，人民法院作出判决，对隋某某以猥亵儿童罪判处有期徒刑一年六个月；以强奸罪判处有期徒刑八年六个月；以敲诈勒索罪判处有期徒刑六个月，并处罚金人民币二千元；以制作、贩卖、传播淫秽物品牟利罪判处有期徒刑九个月，并处罚金人民币一千元。数罪并罚，决定执行有期徒刑十年，并处罚金人民币三千元。

被害人权益保护。隋某某将被害人私密视频通过朋友圈售卖，导致视频在被害人所在学校多名学生间传播。为尽可能将犯罪的伤害降到最低，检察机关督促公安机关第一时间查清相关视频传播路径并固定证据后，将视频进行技术性彻底删除。同时，协调职能部门及时追踪、处理与本案有关的不当泄露的信息，阻断被害人照片及视频传播。联合公安机关对购买相关视频的学生开展法治教育，对学生家长制发督促监护令，避免对被害人造成二次伤害。检察机关还联系专门机构指派专业心理咨询师，为被害人提供心理疏导，持续关注被害人状况，帮助其尽快走出心理阴影。

促进综合治理。针对案件反映出的未成年人网络交友不当、防范网络侵害能力不足等问题，检察机关开展专题调研分析后，向涉案学校和教育行政主管部门制发检察建议，督促学校建立预防、处置网络侵害工作机制，落实侵害未成年人案件强制报告制度，采取科学、合理方式培养和提高未成年人网络素养，有效减少侵害发生。针对未成年人遭受网络侵害时不敢说不、不善求助等问题研发网络安全教育主题课程，组织开展“清朗网络进校园”活动，通过专题授课、短视频、网络安全知识问答等多种方式揭露犯罪分子常用伎俩，揭示网络交友中的风险和陷阱，讲授应对网络性侵的正确处理方式，引导学生理性交友，保护自我，及时求助，提升未成年人文明、安全用网的意识和能力。就未成年人网络保护问题，邀请人大代表、政协委员及未成年人保护相关职能部门进行座谈，推动相关职能部门加强涉未成年人网络侵害线索移送，现已报告并移送线索9件。

【指导意义】

（一）实施线上猥亵犯罪行为后，又利用线上猥亵获得的私密照片、视频要挟被害人，实施线下强奸犯罪行为的，应当认定构成猥亵儿童和强奸两个独立犯罪，实行数罪并罚。要依法从严惩处性侵害未成年人犯罪。行为人以满足性刺激为目的，利用网络胁迫、诱骗儿童拍摄裸体、敏感部位照片、视频等供其观看，其行为构成猥亵儿童罪。对儿童实施“隔空猥亵”后，行为人又以传播线上猥亵所获得私密照片、视频相要挟强迫被害人发生性关系的，线上猥亵行为与线下强奸行为在时空上相对独立，分别给被害人的人格尊严、身心健康造成不同程度的伤害，是两个独立的犯罪行为，应分别认定为猥亵儿童罪与强奸罪，数罪并罚。

（二）办理利用网络性侵害未成年人案件，检察机关应及时督促职能部门阻断私密信息传播，从线下到线上全方位保护未成年人免受次生伤害。互联网具有传播速度快、影响范围广的特点，涉案私密照片、视频的网络传播将进一步对未成年被害人身心造成严重伤害，不利于被害人创伤修复。检察机关在从严打击利用网络性侵害未成年人犯罪的同时，应注重审查被害人私密照片、视频是否被传播，发现在网络空间传播扩散的，应当及时督促职能部门快速、精准阻断传播，从线下到线上、从直接接触被害人的群体到网络空间的传播路径，尽量避免被害人遭受次生伤害。

（三）针对未成年人网络保护的复杂性，检察机关应主动发挥法律监督职能，综合履职助推各方形成保护合力。针对未成年人网络风险认知不足、易受侵害的问题，精准开展法治教育，普及辨别、防范、应对网络侵害的知识；针对监护人监护不足的问题，开展家庭教育指导，提升网络安全监护意识和能力；针对职能部门履职不充分的问题，制发社会治理检察建议；召开部门联席会议，推动建立涉未成年人网络侵害线索移送机制，以检察综合履职积极助推家庭、学校、社会协同发力，为未成年人营造健康安全的网络环境，提升未成年人综合保护效果。

【相关规定】

《中华人民共和国刑法》第二百三十六条、第二百三十七条、第二百七十四条、第三百六十三条

《最高人民法院、最高人民检察院关于办理利用互联网、移动通讯终端、声讯台制作、复制、出版、贩卖、传播淫秽电子信息刑事案件具体应用法律若干问题的解释》第六条

《最高人民法院、最高人民检察院关于办理利用互联网、移动通讯终端、声讯台制作、复制、出版、贩卖、传播淫秽电子信息刑事案件具体应用法律若干问题的解释（二）》第一条

姚某某等人网络诈骗案

（检例第201号）

【关键词】

未成年人网络保护　网络诈骗　分类处理　分级干预　多部门协作　数字化预防

【要旨】

办理涉及众多未成年人的网络诈骗案件，应注重罪错未成年人分级干预，实现分类处理，精准帮教。依托侦查监督与协作配合机制，建议公安机关在全面收集证据、查清事实基础上，充分考量未成年人的涉案情节，综合判定其主观违法性认识，依法分类处置。在审查起诉时，结合社会调查、心理测评、风险评估等情况，对涉罪未成年人进行分类处理并开展精准帮教。针对未成年人涉网违法犯罪防治难题，推动多部门搭建数字平台，实现对未成年人涉网违法犯罪的精准预防。

【基本案情】

被告人姚某某，男，1984年10月5日出生，初中文化，无业。

未成年被告人赵某某、张某某、邹某等16人。

被附条件不起诉人王某、成某、李某某等12人。

被不起诉未成年人许某某、王某某、任某某等41人。

2018年3月至2019年8月，姚某某伙同他人组建诈骗团伙，在诈骗团伙中设置团长、师傅、助理、外宣四个层级，通过在网络平台虚构网络兼职、工资待遇等信息，骗取兼职人员缴纳会员费的方式实施诈骗，涉案人员750名，犯罪金额达1300余万元。在实施诈骗过程中，姚某某拉拢、招募、吸收大量未成年人参与违法犯罪，涉案未成年人达560人，其中450余人系在校学生。在诈骗团伙中，未成年人赵某某等4人担任师傅，承担小组管理职责，犯罪数额为30万元至350万余元不等；王某等30人担任助理，协助师傅进行培训指导，犯罪数额为1万至95万余元不等；许某某、任某某等35人担任外宣，负责骗取新成员缴纳会费，犯罪数额为3000元至1万余元不等。

检察机关经审查认定，姚某某为首要分子，应按照诈骗团伙所犯的全部罪行处罚，并且犯罪数额特别巨大。检察机关依法提起公诉后，姚某某被人民法院判处有期徒刑十三年九个月，并处罚金。

【检察机关履职过程】

分类处理。2019年7月，浙江省某市公安局某区分局对姚某某等人涉嫌诈骗罪立案侦查。按照侦查监督与协作配合机制，浙江省某市某区人民检察院介入案件后，认为涉案兼职犯罪模式对未成年人具有迷惑性、诱导性，案件处理的关键在于全面查清案情的基础上，着重从目的、动机等主观方面和参与次数、持续时间、涉及金额等客观方面，对涉案人员区分责任、区别处置。建议公安机关在查清涉案事实和综合判断主观违法性认识后，按照三种情形进行办理：一是对涉案金额未达到诈骗罪数额较大标准的，不认定为犯罪；二是对涉案金额达到或略高于诈骗罪数额较大标准，具有因谋求兼职需要、仅完成团伙规定任务、参与时间短、主动退出犯罪团伙、退赃退赔等情节的，认定为情节显著轻微、危害不大，不认为是犯罪，依法作出相应行政处罚；三是对涉案金额超出诈骗罪数额较大标准，具有主动参与、参与时间长、诈骗次数多等情节的，依法追究刑事责任。最终，公安机关对何某某等491名涉案未成年人的行为不作为犯罪处理，对赵某某等69名涉罪未成年人移送审查起诉。

宽严相济。2019 年 11 月至 2022 年 1 月，公安机关陆续将 69 名涉罪未成年人以诈骗罪移送审查起诉。检察机关受理后，依托社会支持体系对涉罪未成年人及时开展补充社会调查，从个体、家庭、成长经历、帮教条件、社会交往等方面进行综合评估，并结合案件事实依法分类处理：对在共同犯罪中起主要作用、社会危害性大的，依法提起公诉；对在共同犯罪中起次要作用、认罪悔罪态度好、认知行为存在偏差需要矫正，符合附条件不起诉条件的，设置考察条件，作出附条件不起诉决定；对符合不起诉条件的，作出不起诉决定。某区检察院先后对赵某某等 16 人提起公诉，对王某等 12 人作出附条件不起诉决定，对许某某等 41 人作出不起诉决定。赵某某等 16 人均被判处有期徒刑刑罚。

精准帮教。检察机关依托区少年司法一体化社会关护机制，联合公安、法院、司法行政等部门，为涉罪未成年人提供全流程精准帮教。在引导其认识罪错的同时，委托司法社工和心理咨询师、家庭教育指导师对严重行为偏差或存在心理问题的涉案未成年人开展心理危机干预、家庭教育指导、帮扶救助等工作。经过多方帮教，促使涉罪未成年人重回正轨，53 名被附条件不起诉和不起诉的涉罪未成年人中有 41 人顺利考取大专以上院校。

预防治理。针对案件暴露的未成年人涉网违法犯罪高发、频发、面广，使用传统方式无法实现精准、及时预防等问题，区检察院联合公安、民政等多部门搭建数字化平台，预防网络违法犯罪。依托浙江省一体化数字资源系统（IRS），会商公安、民政、卫健、教育等职能部门，形成涵盖酒吧、网吧、旅馆等场所的数据库，通过内嵌于平台的算法和数据模型，发现异常人员和行为，及时向主管部门推送预警，实现未成年人涉网违法犯罪行为早发现、早介入、早阻断。

【指导意义】

（一）办理涉及众多未成年人网络犯罪案件，应在全面查清案件事实基础上，对案件依法分类处理。检察机关办理此类案件，应与公安机关统一执法司法理念，推动公安机关充分考虑网络犯罪手段特殊性和未成年人的身心特点、认知水平，全面审查涉案未成年人的动机、目的、参与次数、持续时间、涉及金额等情节，综合判断涉案未成年人主观违法性认识。对违法但不构成犯罪的，建议公安机关依法作出相应行政处罚。

（二）审查涉及众多未成年人网络犯罪案件时，应落实帮教精准化、处遇个别化。检察机关要立足未成年人保护和预防再犯的立场，在审查起诉时全面审查涉罪未成年人的犯罪事实、地位作用、悔罪表现、监护帮教条件等，结合社会调查、心理测评和风险评估，依法提起公诉或作出附条件不起诉、不起诉决定，落实分级干预。同时，根据涉罪未成年人的成长经历、行为习惯、认知和需求、风险等级等因素，选配司法社工、心理咨询师、家庭教育指导师等专业人员，对涉罪未成年人实施个性化帮教矫治。

（三）打破数据壁垒，利用数字化手段推动涉未成年人网络违法犯罪源头治理。针对履职过程中发现未成年人涉网络违法人数多、犯罪防治难度大、犯罪手段隐秘等治理难题，检察机关要充分发挥数字技术对检察业务的支撑和推动作用。对实践中多发的涉及未成年人诸如校园网贷、网络赌博等情形开展风险评估和动态预警，在保障信息安全和维护个人隐私的基础上，及时向职能部门推送保护、救助的预警信息，进而形成部门协作、数据融通、智能分析、精准预警、高效处理的未成年人数字保护新格局。

【相关规定】

《中华人民共和国刑法》第二百六十六条

《中华人民共和国刑事诉讼法》第一百七十七条、第二百七十七条、第二百七十九条、第二百八十二条

《中华人民共和国未成年人保护法》第一百条

《中华人民共和国预防未成年人犯罪法》第二条、第二十八条、第三十八条

《未成年人网络保护条例》第三条、第二十二条、第二十七条、第三十条

康某某利用网络侵犯公民个人信息案

（检例第202号）

【关键词】

未成年人网络保护　异常电话卡大数据监督模型　未成年人入网规范

【要旨】

检察机关办理涉未成年人电信网络犯罪案件，发现未成年人异常办卡情况，可以积极运用数字检察监督手段，通过构建大数据模型，推动未成年人涉电信网络犯罪早期预防。针对类案反映出的未成年人一人办多卡等问题，可以运用联席磋商、检察建议等方式，联动相关部门完善长效机制，规范未成年人入网用网，保障未成年人用网环境健康安全。

【基本案情】

被告人康某某，男，2003年9月26日出生，初中文化，系某网络科技公司法定代表人。

2022年12月至2023年2月，康某某以网络科技公司兼职为名招聘刘某某等人（另案处理）帮助其收购电话卡。刘某某系某学院学生，

通过微信朋友圈发布兼职招聘信息，招募到 40 多名在校学生，其中未成年人 21 人。在康某某安排下，刘某某等人到指定网点办理电话卡 577 张，人均办卡 14 张。康某某将电话卡出售给上游犯罪行为人，用于注册各类社交 App 账号，提供有偿引流、点赞服务。部分电话卡在康某某不知情的情况下，被上游犯罪行为人用于实施电信网络诈骗犯罪。

【检察机关履职过程】

刑事案件办理。2023 年 2 月 10 日，内蒙古自治区某市公安局某区分局以侵犯公民个人信息罪对康某某立案侦查。2023 年 8 月 3 日，内蒙古自治区某市某区人民检察院对康某某提起公诉。康某某被人民法院以侵犯公民个人信息罪判处刑罚。

构建大数据法律监督模型。某区检察机关办理康某某案件期间，梳理近年来本地发生的类似电信网络犯罪案件，发现出租、出借、出售电话卡是未成年人牵涉电信网络犯罪的主要方式。针对在校学生异常办卡情况，检察机关研究构建“在校学生异常电话卡法律监督模型”，开展在校学生涉电信网络犯罪案件法律监督专项行动。在市大数据中心统筹下，依托在校学生常规数据信息、未成年人办理电话卡数据信息及涉未成年人电信网络犯罪发案数据信息，发现十余名未成年人被裹挟或者被诱骗参与犯罪。

监督模型线索的移送处理。检察机关对依托大数据法律监督模型发现的有关线索进行审查后，依法移送公安机关。根据上述线索，公安机关破获十余起电信网络犯罪案件、缴获多套“无线语音网关”犯罪工具。对于参与电信网络犯罪活动且达到刑事责任年龄的 3 名未成年人，检察机关根据其犯罪情节、认罪悔罪情况依法处理。对于未达刑事责任年龄、被诱骗办卡卖卡的 14 名未成年人，检察机关会同公安机关对其开展规范用卡法治教育，并督促职能部门落实监管责任，及时注销异常电话卡。

促进社会治理。针对办案中发现在校学生涉嫌电信网络犯罪的实际情况和突出问题，检察机关形成专题报告报送地方党委、政府，并与区工信和科技局、教育体育局等相关部门联动，建立信息交换机制，加强对批量开卡以及短期内反复开卡、注销、补卡等高风险情形的有效管理；推动区工信和科技局出台《电话卡办理程序规范指引》，明确低龄未成年人需在监护人在场并同意的情况下申请入网。对未成年人加强问询、反诈告知，加大异常卡复核力度。督促区教育体育局向师生发放“出租出借出卖电话卡风险提示函”，将法治教育列入学校就业指导规划。

家庭教育指导。针对涉案未成年人普遍存在的家庭教育缺位或不当问题，检察机关向其监护人发出督促监护令，并邀请专业人员开展家庭教育指导，加强对未成年人入网行为的引导和监督。同时，检察机关联合妇联、团委等多部门成立“家庭教育指导站”和“观护未成年人工作室”，结合办案中发现的家庭监护问题，引入社会力量深度参与家庭教育指导。

【指导意义】

（一）利用数字检察手段，对办理的未成年人涉电信网络犯罪案件进行延伸审查，通过法律监督切实保护未成年人权益。电信网络犯罪非接触性、涉众性、传播广域性导致其存在隐蔽化、查证难等问题，检察机关可以通过建构相关大数据法律监督模型，将办理案件中涉及的有关数据资源进行碰撞比对，把未成年人异常电话卡办理情况等信息与电信网络犯罪发案数据进行串联，准确锁定潜在高风险和已经涉罪未成年人，并从中分析研判未成年人涉电信网络犯罪的关系网，审查发现相关犯罪线索的，依法移送公安机关立案查处。

（二）会同有关部门跟进处置，实现对未成年人涉电信网络犯罪早期预防。未成年人心智尚未成熟、从众心理强，易受到欺骗引诱，及早发现、有效拦截、阻断未成年人违法犯罪尤为重要。检察机关应当充分发挥大数据筛查的优势，精准发现未成年人办理电话卡的异常情况，及时敦促工信等职能部门，跟进处置注销异常电话卡，真正达到犯罪预防和保护未成年人的目的。

（三）推动完善未成年人入网规范，加强未成年人网络保护。未成年人涉嫌电信网络犯罪行为，往往以办理多张电话卡为发端，暴露出未成年人办理电话卡存在的机制问题和监管漏洞。检察机关可以联合相关部门完善未成年人入网规范机制，推动跨部门数据互联互通，督促行业主管部门重视异常账户的跟踪与监管，及早发现未成年人异常办卡情况，保障未成年人用网环境健康安全。

【相关规定】

《中华人民共和国刑法》第二百五十三条之一

《中华人民共和国未成年人保护法》第六十四条、第六十六条、第七十一条、第一百零五条

《中华人民共和国预防未成年人犯罪法》第三十条、第三十一条、第六十一条

《中华人民共和国反电信网络诈骗法》第十条、第十一条、第二十八条、第三十一条、第三十八条

李某某帮助信息网络犯罪活动案

（检例第 203 号）

【关键词】

未成年人网络保护　银行卡　主观明知　附条件不起诉　检察建议

【要旨】

办理未成年人涉嫌使用本人银行卡帮助信息网络犯罪活动罪案件，应当结合涉案未成年人身心特点，重点审查是否明知他人利用信息网络实施上游犯罪并提供帮助。对于主观恶性不大、社会危害较小且自愿认罪认罚的未成年人，坚持以教育、挽救为主，符合附条件不起诉的，依法适用附条件不起诉。对于未成年人银行账户管理存在漏洞，有异常交易风险的，检察机关通过向金融监管机关、商业银行制发检察建议，强化账户源头管理，推动诉源治理。

【基本案情】

被附条件不起诉人李某某，男，2003 年 9 月 5 日出生，在校学生。

2019 年，李某某在某职业中学就读期间，为方便支取生活费，在当地商业银行开设账户，办理了一张单日转账额度最高可为 50 万元人民币的借记卡。2021 年 5 月，李某某的同学卢某某、彭某某（均已满 18 周岁，另案处理）向其提出“需要将网络赌博平台上汇集的充值资金，使用绑定的银行卡转账，如果愿意提供本人银行卡用于转账，就可以分钱”，并给其看了该赌博平台应用程序的截图。李某某为了能“轻松挣钱”遂表示同意。5 月 7 日至 18 日，在彭某某的指使下，李某某使用本人借记卡代为转账，并采取变更转账地点的方式规避调查。上述期间内，该借记卡单向流水金额合计人民币 420 余万元，李某某在分得人民币 3000 元后，因“感觉容易出事”遂未再参与。

案发后，李某某投案自首。2022 年 8 月，四川省某县人民检察院以帮助信息网络犯罪活动罪决定对李某某附条件不起诉并开展监督考察。2023 年 2 月，考验期满后决定对李某某不起诉。

【检察机关履职过程】

全面审查证据。某县公安局对李某某以涉嫌帮助信息网络犯罪活动罪移送起诉，某县检察院经审查认为，李某某系未成年犯罪嫌疑人，到案后虽作有罪供述，但案件缺乏证明其具备认知能力的证据。同时，侦查机关未查明涉案资金是否属于“犯罪所得及其收益”且李某某是否明知，检察机关遂退回补充侦查。侦查机关补充侦查重新移送后，检察机关经审查，认为侦查机关仅查明部分而非全链条利用网络开设赌场犯罪事实，故李某某代为转账的资金尚不能认定为“犯罪所得及其收益”。通过社会调查发现，李某某智力发育水平正常，接受教育经历连贯，作案时已开始毕业前的离校实习，说明其具有适应工作和社会生活的能力。本案中的转账行为呈现出短时间、高频率、大金额的异常特征，与日常生活开支场景毫无混同的可能。因此，可以认定李某某具备相当的认知能力，主观上明知他人利用信息网络实施犯罪。

依法适用附条件不起诉。李某某主观上明知他人利用信息网络实施犯罪，客观上实施了使用本人银行卡代为转账 420 余万元的帮助支付结算行为。但李某某提供本人银行卡的行为与“批量出租他人银行卡”相比，情节较轻，社会危害较小；系受引诱参与犯罪，参与时间较短，犯罪后自首且自愿认罪认罚，具有悔罪表现，主观恶性不大；系初犯、偶犯，社会调查表明其具有较大的教育矫治空间。为落实“教育、感化、挽救”方针，在听取公安机关意见后，检察机关依法对李某某适用附条件不起诉。

帮教考察。社会调查发现，李某某追求享乐，法律意识淡薄，父母教育方式不当、家庭教育支持不足，存在重蹈违法犯罪的风险。为此，检察机关联合妇联、司法社工组织等社会力量，制定个性化方案，加强综合教育帮教。针对其存在消费观念的问题，通过定制法治教育志愿服务公益项目，帮助其认识到贪图享受的长远危害；针对其法律意识淡薄的问题，通过开展线上线下预防网络犯罪教育，促使其主动学习法律知识；针对家庭教育缺失的问题，发出督促监护令，加强家庭教育指导。通过帮教，李某某的理性消费观念逐步树立，法律意识逐渐提升，思想认识和行为习惯回归正轨。目前，李某某已经考上大学。

制发检察建议。检察机关办案发现，李某某的银行账户管理存在漏洞。经与人民银行所属支行会商研判，通过走访银行网点、开展座谈交流，促使商业银行查找出未落实未成年人独立开户标准、授权单日转账限额过高、异常交易风险预警不足等问题。检察机关有针对性地向人民银行某县支行制发检察建议后，该县人民银行对7家商业银行的46个网点，涉及120余个未成年人的账户全部进行了清理，对发现的问题立即进行整改。目前，该县未再发生利用未成年人银行卡实施网络犯罪的案件。省、市检察机关与人民银行等机构会商，推进涉未成年人银行账户分级分类管理等要求在全省范围内得到完善和落实，巩固打击和治理成效。

【指导意义】

（一）检察机关办理未成年人帮助他人利用网络实施犯罪的案件，要坚持主客观相一致原则，重点审查行为人主观方面对上游犯罪是否明知，并提供了客观帮助行为。要综合全案证据和社会调查情况，认为涉罪未成年人知道或者应当知道上游系犯罪活动，自己行为具有帮助作用，可能共同造成危害结果的，应当认定其主观明知。未成年人客观上实施“供卡”等帮助支付结算的行为，符合帮助信息网络犯罪客观要件规定的，应按照主客观相一致原则，认定构成帮助信息网络犯罪活动罪。但如果经全案证据审查，认定未成年犯罪嫌疑人对上游是否系犯罪活动，以及犯罪的危害程度缺乏明确认识，即使在客观上对信息网络犯罪活动起到了帮助作用，因此获利，也不能认定为构成该罪。

（二）对未成年人使用本人银行卡实施的帮助他人利用网络犯罪行

为，应当落实宽严相济刑事政策，加强教育、挽救，依法准确适用不起诉、附条件不起诉。对于积极主动参与犯罪、犯罪情节严重的，应依法提起公诉。对被利诱参与犯罪、参与时间较短、违法所得、涉案数额较少，情节显著轻微危害不大的涉案未成年人，检察机关可以根据刑法第十三条的规定，对其不认定为犯罪。对于犯罪情节轻微，依照刑法规定不需要判处刑罚或者免除刑罚的，检察机关应当作出不起诉决定。对于犯罪情节较轻，符合附条件不起诉条件的，检察机关可以依法适用附条件不起诉，同时针对性地开展考察、矫治。

（三）检察机关应当注重运用检察建议，推动诉源治理。办理未成年人帮助信息网络犯罪活动案件，发现银行账户监督、管理、使用存在漏洞的，应当依法开展调查核实，以检察建议的方式督促金融监管机构、商业银行完善制度机制，推动形成办卡审核和风险评估相结合、分类管理和异常预警相结合的未成年人银行卡管理保护模式，努力实现对未成年人参与电信网络犯罪的诉源治理。

【相关规定】

《中华人民共和国刑法》第十三条、第二百八十七条之二

《中华人民共和国刑事诉讼法》第二百七十七条、第二百七十九条、第二百八十二条、第二百八十三条、第二百八十四条

《中华人民共和国未成年人保护法》第一百一十三条、第一百一十五条

《中华人民共和国预防未成年人犯罪法》第五十条、第五十一条

《最高人民法院、最高人民检察院关于办理非法利用信息网络、帮助信息网络犯罪活动等刑事案件适用法律若干问题的解释》第十二条

《人民检察院检察建议工作规定》第十一条

禁止向未成年人租售网络游戏账号检察监督案

（检例第 204 号）

【关键词】

未成年人网络保护　网络游戏账号租售　刑事检察与行政公益诉讼衔接　不良行为干预　综合治理

【要旨】

检察机关办理涉未成年人网络犯罪案件，应当注重审查刑事案件背后是否存在未成年人网络保护职责未落实的监督线索。检察机关发现互联网平台上存在向未成年人租售网络游戏账号的，可以依法督促行政监管部门履职，全面维护未成年人网络权益。发现未成年人因沉迷网络而遭受侵害的，应当同步落实被害修复与不良行为干预措施。检察机关应当促进法律监督与行政监管的配合协作，助推行政监管部门提升未成年人网络保护执法规范化水平。

【基本案情】

被告人孙某，男，2000 年 7 月 19 日出生，汉族，中专文化，原系某房地产公司销售人员。

2021 年 1 月，被告人孙某以诈骗为目的，在某互联网平台发布出售网络游戏账号的虚假信息，骗取未成年被害人华某某信任后，向其提供虚假的游戏账号密码，并编造钱款被冻结、需支付保证金、过户费等理由，共骗取华某某人民币 15347 元。

孙某用以出售网络游戏账号的互联网平台是上海某公司开发运营的

电子商务应用类平台。该平台上有数十家经营者不经身份核实，向包括未成年人在内的用户提供多款热门网络游戏账号的租售服务，部分经营者的累计订单数已达十万余件。

【检察机关履职过程】

刑事案件办理。2021 年 4 月 2 日，孙某自首。2021 年 11 月 8 日，上海市公安局某区分局以孙某涉嫌诈骗罪向某区检察院移送审查起诉。检察机关在办案过程中，责令孙某向被害人退赔诈骗钱款，弥补财产损失，并向被害人赔礼道歉。2021 年 12 月 6 日，检察机关以孙某犯诈骗罪向人民法院提起公诉。2021 年 12 月 16 日，人民法院以孙某犯诈骗罪判处其有期徒刑七个月，缓刑一年，并处罚金人民币二千元。

行政公益诉讼案件办理。检察机关经调查发现，本案中孙某用以出售网络游戏账号的互联网平台上还有数十家经营者在商品详情中使用“未防沉迷”“直接上号”等表述，不经核验身份，向包括未成年人在内的用户提供多款热门网络游戏账号的租售服务。

检察机关认为，该互联网平台上的经营者为未成年人规避网络游戏监管提供便利条件，违反未成年人保护法有关向未成年人提供游戏服务的时间管理限制性规定。该互联网平台未根据电子商务法对相关经营者违规行为予以及时处置、报告，增加了不特定未成年人沉迷网络游戏的潜在风险，损害了社会公共利益。根据未成年人网络保护法律法规，上海市某区网络安全和信息化委员会办公室（以下简称区网信办）对未成年人网络保护落实情况有监督管理职责，应当依法查处违规经营者和平台。

2021 年 9 月 14 日，检察机关向区网信办发出行政公益诉讼诉前检察建议，督促依法查处违法向未成年人提供网络游戏账号租售服务的经营者，并对互联网平台上租售网络游戏账号的情况进行全面检查和监督，压实平台责任。区网信办积极落实检察建议，督促该互联网平台对违法租售账号的经营者进行处理、增设实名购买功能，对平台落实未成年人网络保护规定的情况进行常态化检查督导。该互联网平台共清理违规游戏租号类商品469件，关闭相关店铺26家，对“某某租号”等关键词予以屏蔽；对游戏账号租售商品设置购买实名认证和“上号”二次实名认证环节，有效防止向未成年人租售游戏账号。

不良行为干预。针对未成年被害人华某某沉迷网络游戏的情况，检察机关根据预防未成年人犯罪法关于不良行为干预的相关规定，积极对接学校、街道未成年人保护工作站组建协作干预小组，落实针对性管理教育措施。检察机关针对监护人放任华某某沉迷网络及处分大额钱款等问题，向华某某的监护人制发督促监护令，要求其履行监护职责，并委托家庭教育指导师开展家庭教育指导。目前，华某某已摆脱网络游戏沉迷，并顺利考入大学。

推动综合治理。结合该案办理，检察机关进一步会同区网信办等单位制定了涉未成年人网络保护分类处置的标准化工作流程。在此基础上，上海市人民检察院梳理全市未成年人网络保护案件办理情况，与上海市网信办、上海市文化和旅游局执法总队建立了未成年人网络保护联动工作机制，共同发布《未成年人网络保护风险识别清单》《上海市侵害未成年人身心健康的网络信息执法指南》，细化执法规范和标准。

【指导意义】

（一）互联网平台上的经营者向未成年人租售网络游戏账号而平台未予及时处置、报告的，检察机关可以通过检察建议、公益诉讼等方式，督促行政监管部门采取有效监管措施。检察机关在办理涉未成年人网络刑事案件时，发现互联网平台上的经营者向未成年人提供网络游戏账号租售服务、互联网平台未予以审核监管，为未成年人规避游戏监管提供便利，有造成不特定未成年人沉迷网络、侵害未成年人网络公共利益风险的，检察机关可以通过制发检察建议、开展行政公益诉讼等手段，督促相关行政部门依法履行监管职责，推进互联网平台加强管理和机制建设。

（二）检察机关办理未成年人因沉迷网络而遭受侵害的案件，应当坚持被害修复与不良行为干预并重。检察机关在依法惩治利用网络实施的侵害未成年人犯罪的同时，应当通过积极追赃挽损、促成赔礼道歉、提供法律援助、落实心理疏导等方式，最大限度减少犯罪对未成年人造成的不利影响。同时，检察机关还应当根据预防未成年人犯罪法的相关规定，督促家庭、学校、社会联动对未成年被害人沉迷网络的不良行为进行干预，通过精准管理教育措施引导未成年人安全合理地使用网络。发现被害人的监护人怠于履行职责的，可以通过制发督促监护令、开展家庭教育指导等方式，充分发挥家庭监护在未成年人网络保护中的作用。

（三）检察机关办理涉未成年人网络案件，应当综合履职，促进未成年人网络保护诉源治理。在办理刑事案件、开展行政公益诉讼等工作基础上，检察机关还应当加强与未成年人网络保护行政监管部门配合协作，畅通信息渠道、建立共治机制，提升未成年人网络侵害源头预防实效。结合本地实际，推动完善法律监督与行政监管衔接机制，为未成年人构建健康清朗的网络空间环境。

【相关规定】

《中华人民共和国刑法》第二百六十六条

《中华人民共和国未成年人保护法》第六十六条、第六十七条、第七十四条、第七十五条、第一百零六条、第一百二十七条

《中华人民共和国预防未成年人犯罪法》第二十八条第四项、第二十九条、第三十一条、第三十二条

《中华人民共和国家庭教育促进法》第二十二条、第四十九条

《中华人民共和国行政诉讼法》第二十五条第四款

《中华人民共和国电子商务法》第十三条、第二十九条

《未成年人网络保护条例》第四十六条第二款

关于依法惩治医保骗保犯罪典型案例

（2024 年 3 月 1 日最高人民法院、最高人民检察院发布）

医保基金是人民群众的“看病钱”“救命钱”，事关广大群众的切身利益，事关医疗保障制度健康持续发展，事关国家长治久安。医保骗保犯罪严重危害医保基金安全，损害人民群众医疗保障合法权益。最高人民法院、最高人民检察院切实贯彻落实党中央部署要求，持续深化医保骗保问题整治，依法严惩医保骗保犯罪，切实维护医保基金安全，维护人民群众医疗保障合法权益，促进医疗保障制度健康持续发展，不断提升人民群众获得感、幸福感、安全感。

最高人民法院、最高人民检察院、公安部联合制定了《关于办理医保骗保刑事案件若干问题的指导意见》，进一步明确医保骗保犯罪定罪处罚、法律适用、政策把握、办案要求及有关工作制度机制。为有力有效惩治医保骗保犯罪，充分发挥“办理一案、治理一片”的作用，最高人民法院、最高人民检察院选编了 8 件已审结生效医保骗保犯罪典型案例，现予公布。这些案例从多个角度反映了医保骗保犯罪的行为手段及其社会危害性，表明了司法机关依法惩治医保骗保犯罪的态度和立场，体现了司法机关以实际行动切实维护人民群众利益、推进更高水平平安中国建设的责任和担当。

目　录

案例一

刘某甲、刘某乙、刘某丙诈骗案

——依法严惩医保骗保犯罪集团

【基本案情】

2013年1月至2016年8月，被告人刘某甲、刘某乙、刘某丙作为天津某民营医院的投资人、实际经营者、利益所得者，组织、领导医院员工陈某、魏某容、李某全等人（均另案处理），通过虚假宣传、虚开药方、虚增售药、虚假住院等手段空刷医保卡，长期实施骗取医保基金行为。上述人员发展辛某莲等人（均另案处理）作为联络员，联络员又发展张某文、王某森等人（均另案处理）作为村级敛卡人或司机，在天津市滨海新区、静海区等地进行宣传，以持医保卡到医院看病可以免费治病、免费接送、免费吃饭、免费住院以及出院时获赠药品或者现金等为噱头，吸引大量城乡医保持卡人到医院虚假诊治、住院，通过空刷医保卡方式骗取医保基金。该医院人员通过以上方式骗取天津市社会保险基金管理中心（后相关职能的承接转为天津市医疗保障基金管理中心）共计 1 亿余元。刘某甲主要负责人事任免、虚假用药、病人筛选、财务审批、应付“医保检查”等工作，刘某乙主要负责药品采购、财务审批、虚假病历材料、应付“医保检查”等工作，刘某丙主要负责虚假宣传。

【刑事诉讼过程】

天津市人民检察院第三分院以刘某甲、刘某乙、刘某丙犯诈骗罪提起公诉。天津市第三中级人民法院经审理认为，刘某甲、刘某乙、刘某丙以非法占有为目的，采用空刷医保卡的方式骗取医保基金 1 亿余元，数额特别巨大，其行为均已构成诈骗罪。刘某甲、刘某乙、刘某丙招募大量医护、工作人员、宣传人员实施犯罪，持续时间久、范围广、数额大、人员多，已形成犯罪集团。在犯罪集团中，刘某甲、刘某乙、刘某丙均起组织、策划、指挥作用，系犯罪集团的首要分子。刘某甲系累犯，应从重处罚。据此，依法认定刘某甲、刘某乙、刘某丙犯诈骗罪，判处刘某甲无期徒刑，剥夺政治权利终身，并处没收个人全部财产；判处刘某乙有期徒刑十五年，并处罚金人民币五十万元；判处刘某丙有期徒刑十三年，并处罚金人民币四十万元。刘某甲、刘某乙、刘某丙提出上诉。天津市高级人民法院依法裁定，准许刘某乙、刘某丙撤回上诉；

驳回刘某甲的上诉，维持原判。

【典型意义】

本案系依法从严惩处医保骗保犯罪的典型案例。医保骗保犯罪严重危害医保基金安全，损害人民群众医疗保障合法权益，人民法院、人民检察院始终坚持依法从严惩处医保骗保犯罪，重点打击幕后组织者、职业骗保人等，对组织、指挥犯罪集团骗取医保基金的，依法从重处罚。本案中，刘某甲等三人招募大量医护、工作人员实施医保骗保犯罪，并招募大量人员虚假宣传及敛取医保卡进行空刷，组成了成员固定的犯罪组织，医保诈骗持续时间长、范围广、数额大、人员多，已形成犯罪集团。刘某甲、刘某乙、刘某丙系犯罪集团的首要分子。刘某甲等三人通过虚假宣传、虚开药方、虚增售药、虚假住院等空刷医保卡的方式，有组织地骗取医保基金 1 亿余元，数额特别巨大，性质极为恶劣，社会危害极大。检察机关准确指控、人民法院依法认定刘某甲、刘某乙、刘某丙系犯罪集团的首要分子，依法从严惩处，分别判处无期徒刑和十年以上有期徒刑，充分体现了司法机关依法从严惩处医保骗保犯罪、有力维护医保基金安全的决心。

案例二

马某雨诈骗案

——全链条打击“回流药”骗保犯罪

【基本案情】

2017 年 1 月至 2020 年 9 月，被告人马某雨多次使用赵某某等 11 人的社会保障卡，在北京密云世济医院、北京市密云区果园社区卫生服务中心、北京密云鼓楼街道太扬家园社区卫生服务站等虚假就医，购买药品，并将部分药品出售给曲某、周某刚（均已判决）等人。马某雨骗取医疗保障基金共 44 万余元。

【刑事诉讼过程】

北京市密云区人民检察院以马某雨犯诈骗罪提起公诉。北京市密云区人民法院经审理认为，马某雨以非法占有为目的，使用他人社会保障卡，采用虚构事实、隐瞒真相的方式骗取医保基金，数额巨大，其行为已构成诈骗罪。马某雨自愿认罪，可从轻处罚。据此，依法认定马某雨犯诈骗罪，判处有期徒刑八年三个月，剥夺政治权利一年，并处罚金人民币八万元。马某雨提出上诉。北京市第三中级人民法院依法裁定，驳回上诉，维持原判。

【典型意义】

1. 本案系全链条打击“回流药”骗保犯罪的典型案例。医保“回流药”是指行为人使用他人医疗保障凭证或参保人利用医保报销从定点医药机构购买药品，在个人实际支付购药费的基础上加价销售给药品回收人，药品回收人销售给医药机构、诊所等，医药机构再销售给患者。“回流药”骗保犯罪呈现职业化倾向，形成“收卡—医保开药—收药—销售给医药机构—购药患者”的闭环，各环节涉及的行为人、参保人、收药人、医药机构均属于“共益者”，共同致使医保基金遭受损失，损害全体参保人的利益，而且药品质量难以保证。依法严惩“回流药”骗保犯罪，有利于维护健康良好医疗保障制度、维护全体参保人员切身利益及人民群众用药安全。

2. 大数据赋能深挖彻查，斩断“回流药”骗保链条。检察机关引导公安机关以异常资金交易、通话记录等为指向，对相关数据进行分析，以数据画像排查、抓获收药人；以收药人电子交易记录为数据线头，循线深挖，牵引出共 68 人的收药卖药链条。为查明药品最终去向，结合线头数据中的物流付费信息、物流数据等，挖掘出盘踞外省的收药团伙，彻底斩断黑灰色产业链。

3. 发挥司法引领推动作用，打通欺诈骗保行刑衔接线索反向移送通道，推动医疗保障制度共建共治共享。检察机关向北京市医保局移送线索 30 件 33 人，北京市医保局据此作出行政罚款处罚近 140 万元。北京市检法机关分别向医疗保障部门、31 家涉案医院发送司法建议、检察建议，促进相关部门发现问题、整改问题。人民法院还通过发布典型案例等方式，向社会公众宣传“回流药”骗保犯罪的手段和危害性，取得“办理一案、治理一片”的效果。

案例三

陈某美、陈某英、孙某玉诈骗、掩饰、隐瞒犯罪所得案

——“药贩子”非法倒卖利用医保骗保购买的药品

【基本案情】

2020 年至 2021 年，被告人陈某美在医院门口等地摆放收药牌子或在街头收购药品时，结识吴某强、赵某才等人。陈某美告知上述人员至医院用医保卡开药，或指定收购药品种类，指使、授意上述人员至多家医院使用医保卡多开、虚开药品，收购药品后出售给被告人陈某英，并转寄给被告人孙某玉出售给其他药店，导致医保基金损失 40 万余元。

2020 年至 2021 年，被告人陈某英在路边等处摆放收药牌子结识潘某芳、李某华等人，后指定收购药品种类，指使、授意上述人员利用本

人医保卡至多家医院多开、虚开药品，收购后寄给被告人孙某玉出售，造成医保基金损失 3 万余元。陈某英的家属退缴违法所得 1 万元。

2020 年至案发，被告人孙某玉明知被告人陈某美收购的药品系他人通过医保卡骗取医保基金所得，仍安排被告人陈某英从陈某美处收购。陈某英将收购的药品寄给孙某玉，孙某玉出售给其他药店非法获利。药品售出价格共 190 万余元。

【刑事诉讼过程】

上海市金山区人民检察院以陈某美犯诈骗罪、陈某英犯诈骗罪、掩饰、隐瞒犯罪所得罪、孙某玉犯掩饰、隐瞒犯罪所得罪提起公诉。上海市金山区人民法院经审理认为，陈某美、陈某英以非法占有为目的，骗取医保基金，其行为均已构成诈骗罪。陈某英、孙某玉明知是犯罪所得而予以收购并出售，情节严重，其行为均已构成掩饰、隐瞒犯罪所得罪。陈某英一人犯数罪，应予数罪并罚。陈某英、孙某玉共同犯罪中，孙某玉系主犯，陈某英系从犯。陈某英、孙某玉如实供述所犯罪行，有退赃情节。据此，依法认定陈某美犯诈骗罪，判处有期徒刑八年，并处罚金人民币六万元；陈某英犯诈骗罪，判处有期徒刑一年二个月，并处罚金人民币一万元，犯掩饰、隐瞒犯罪所得罪，判处有期徒刑一年五个月，并处罚金人民币二万元，决定执行有期徒刑二年五个月，并处罚金人民币三万元；孙某玉犯掩饰、隐瞒犯罪所得罪，判处有期徒刑三年五个月，并处罚金人民币三万元。判决已生效。

【典型意义】

本案系“药贩子”非法倒卖利用医保骗保购买的药品非法牟利的典型案例。当前，非法倒卖医保骗保药品犯罪形成利益网和黑灰产业链，套刷药品、回收药品、物流寄药、转手卖药等环环相扣，职业“药贩子”、参保人员和医药机构等多个利益主体参与。一批以倒卖利用医保骗保购买药品为业的犯罪分子，从参保人员处收购医保骗保购买的药品或者指使、教唆、授意参保人员利用医保报销虚开、多开药品，既是犯罪链条的源头，也是犯罪链的重要一环，依法严惩“药贩子”有利于斩断黑灰色产业链。根据《最高人民法院、最高人民检察院关于办理危害药品安全刑事案件适用法律若干问题的解释》，明知系利用医保骗保购买的药品而非法收购、销售，金额五万元以上的，应当依照刑法第三百一十二条的规定，以掩饰、隐瞒犯罪所得罪定罪处罚；指使、教唆、授意他人利用医保骗保购买药品，进而非法收购、销售，符合刑法第二百六十六条规定的，以诈骗罪定罪处罚。本案中，陈某美、陈某英指使、教唆、授意参保人利用医保骗保购买药品，进而非法收购、销售，其行为构成诈骗罪；陈某英、孙某玉明知系利用医保骗保购买的药品而非法收购、销售，其行为构成掩饰、隐瞒犯罪所得罪，均应依法惩处。

案例四

高某诈骗案

——医药公司医药代表篡改患者检测报告骗取医保基金

【基本案情】

被告人高某系某医药科技公司医药代表，负责推销公司用于治疗肺癌患者的药品，每销售一盒，提成 200 元至 300 元。2018 年 10 月，该药纳入国家医保目录，医保报销的条件是相关基因检测结果为阳性。患者李某诊断为肺癌，手术后自费购买该药。2020 年 7 月，高某找到李某，联系检测机构为李某做基因检测，检测结果为阴性。2020 年 8 月至2021年2月，高某明知国家肺癌用药政策，在北京朝阳中西医结合急诊抢救医院等地，以编造患者基因检测阳性结果的方式，使患者通过医保报销开药，造成医保基金支出8万余元。高某退缴全部被骗医保基金。

【刑事诉讼过程】

北京市朝阳区人民检察院以高某犯诈骗罪提起公诉。北京市朝阳区人民法院经审理认为，高某以非法占有为目的，虚构基因检测结果，骗取医保基金，数额较大，其行为已构成诈骗罪。高某如实供述所犯罪行，认罪认罚，全额退赔，依法可从轻处罚。据此，依法认定高某犯诈骗罪，判处有期徒刑九个月，并处罚金人民币一万元。判决已生效。

【典型意义】

本案系医药公司医药代表篡改患者检测报告骗取医保基金的典型案例。医保基金是公共资源，是保证基本医疗保险制度正常运转的首要条件。国家建立健全医疗保障制度，是为了最大范围覆盖需要医药服务的广大人民群众，医保基金一旦出现严重超支，基本医疗保险制度的保障功能就会随之削弱甚至崩溃，从而导致无钱看病的现象。医保基金的有限性和普惠性决定其无法覆盖所有药物，通过规定医保报销药品名单和设置准予报销条件，能有效实现医保基金使用的普惠化和持续化。通过篡改检测报告等虚假方式，将不符合医保报销条件的药物进行报销，挤占了本该用于大多数参保人的公共资源，属于违法犯罪行为，依法应予打击。本案中，高某系医药公司医药代表，为达到销售药品以获取业绩奖金目的，私自接触患者，伪造虚假的基因检测阳性报告交给患者，使不符合医保报销政策的患者通过医保报销开药，造成医保基金损失。其行为实质上是通过患者医保报销，由医保基金支出购买其销售的药品，依法应认定为诈骗犯罪。

案例五

胡某良、张某红诈骗案

——参保人员利用医保虚开药品转卖牟利

【基本案情】

2019 年上半年起，被告人胡某良利用系血友病患者身份，伙同他人使用本人及其他血友病患者的医保卡，在多家医院以医保报销的方式虚开血友病治疗药物百因止，后在全国血友病群发布卖药广告，将药物以 1 折至 2 折左右不等的价格出售牟利。张某红明知胡某良所出售药物系通过医保报销方式虚开所得，仍协助胡某良前往医院开药，并按照胡某良的要求将药物以快递方式邮寄给各地买家。胡某良、张某红非法获利 40 万余元，造成医保基金损失 200 万元以上。胡某良、张某红退缴非法获利 40 万元。

【刑事诉讼过程】

浙江省金华市婺城区人民检察院以胡某良、张某红犯诈骗罪提起公诉。金华市婺城区人民法院经审理认为，胡某良、张某红以非法占有为目的，虚构事实、隐瞒真相，骗取医保基金，数额特别巨大，其行为均已构成诈骗罪。在共同犯罪中，胡某良起主要作用，系主犯；张某红起次要作用，系从犯，依法减轻处罚。胡某良系累犯，依法从重处罚。胡某良、张某红有坦白情节，认罪认罚，退缴违法所得，依法从轻处罚。据此，依法认定胡某良、张某红犯诈骗罪，判处胡某良有期徒刑十年六个月，并处罚金人民币十五万元；判处张某红有期徒刑三年，缓刑五年，并处罚金人民币十万元。判决已生效。

【典型意义】

本案系参保人员利用医保虚开药品转卖牟利的典型案例。医疗保障制度是社会保障体系的重要组成部分，对欺诈骗保违法犯罪行为要坚持零容忍、严厉打击，坚决守住医保基金安全底线，实现好、维护好、发展好最广大人民群众根本利益。金华市婺城区检察院联合医保部门开发特种病领域骗取医保基金立案监督和公益诉讼监督模型，筛查出类案监督线索180余条，全市共刑事立案监督61人。全市开展打击欺诈骗保专项整治，移送公安侦查线索198人，行政处罚355人。全市血友病药品报销额从4000万元降至3000万元，下降25%，助力有关部门追回医保基金1亿余元，构建医保基金使用常态化监管体系，确保医疗保障基金安全。参保人员既是国家惠民政策的受益者，又是良好制度建设的参与者。参保人员利用享受医疗保障待遇的机会转卖药品、接受返还现金、实物或者其他非法利益，构成犯罪的，应依法追究刑事责任。

案例六

徐某林诈骗案

——冒用他人医疗保障凭证就医、购药骗取医保基金

【基本案情】

2020年7月至12月，被告人徐某林在其妻已去世的情况下，仍使用其妻子的医保卡，在安徽省颍上县人民医院购买16盒奥拉帕利片并报销费用，骗取医保基金12万余元。后将药品销售给他人，违法所得1.5万余元。徐某林主动投案，所骗取的医保基金已全额退赔。

【刑事诉讼过程】

安徽省颍上县人民检察院以徐某林犯诈骗罪提起公诉。颍上县人民法院经审理认为，徐某林隐瞒真相，骗取医保基金，数额巨大，其行为已构成诈骗罪。徐某林有自首情节，认罪认罚，退赃退赔，依法从宽处理。据此，依法认定徐某林犯诈骗罪，判处有期徒刑二年六个月，缓刑三年，并处罚金人民币五千元。判决已生效。

【典型意义】

1. 本案系冒用他人医疗保障凭证就医、购药骗取医保基金的典型案例。参保人员应当持本人医疗保障凭证就医、购药，冒用他人医疗保障凭证属于违法违规行为。参保人员在享受医疗保障待遇的同时，有义务维护医疗保障基金持续健康发展，不得冒用他人医疗保障凭证，也不得将本人医疗保障凭证交由他人冒名使用。以骗取医疗保障基金为目的，使用他人医疗保障凭证冒名就医、购药，构成犯罪的，依法以诈骗罪追究刑事责任。

2. 畅通惩治医保骗保犯罪行刑衔接工作机制。公安司法机关与医疗保障行政部门加强协作配合，健全线索发现、核查、移送、反馈机制，及时发现、有效预防和惩治医保骗保犯罪。颍上县医保局与县民政部门在大数据比对中，发现被告人涉嫌医保诈骗，将线索移送县人民检察院审查。县人民检察院审查线索后认为被告人涉嫌犯罪，向县医保局制发《建议移送涉嫌犯罪案件函》，建议移送公安机关处理。

3. 贯彻宽严相济刑事政策和认罪认罚从宽制度，努力实现最佳“三个效果”。检察机关审查发现，被告人因妻子治病花费巨大，造成家庭经济困难等因素产生犯罪动机，遂加强释法说理，促使被告人认罪认罚、全额退赃。人民法院采纳检察机关量刑建议，对被告人宣告缓刑，实现政治效果、法律效果、社会效果的统一。

案例七

赵某泽、赵某贪污案

——卫生院院长利用职务便利伪造材料贪污医保基金

【基本案情】

2014年1月至2019年8月，被告人赵某泽在领办某镇中心卫生院并任名誉院长期间，为骗取医保资金，利用经营管理卫生院职务之便，安排工作人员黄某超、张某华、钱某、吴某迎冒用具有执业医师资格的冯某功、乔某如、王某辉等人名义伪造住院病人病历，将住院病人真实使用的医保不能报销的药品替换成医保能报销的药品，并虚增住院病人所使用的医保范围内药品，用医保资金予以报销。安排闫某磊（另案处理）制作虚假购药发票374张用于平账，票面金额共2180万余元。被告人赵某作为卫生院副院长（主持工作）、法定代表人，明知其父赵某泽骗取医保资金，仍在范县参合农民住院确认单、范县新型农村合作医疗住院补偿票据、范县城乡居民医疗保险住院补偿票据上签字，用医保资金予以报销。二人套取医保资金1800万余元，已拨付至卫生院公共账户1600万余元，其中500万余元用于基础设施建设和医疗设备购置、更新，500万余元用于垫付2019年5月至8月病人住院费用，100万余元用于赵某泽和赵某购买家用汽车，80万余元用于赵某泽和赵某为自己和家人购买保险，90万余元留存在卫生院公共账户，其余用于赵某泽、赵某个人及家庭日常生活开支。案发后追回赃款580万余元。

【刑事诉讼过程】

河南省范县人民检察院以赵某泽、赵某犯贪污罪提起公诉。范县人民法院经审理认为，赵某泽作为名誉院长，利用其领办、经营管理某镇中心卫生院的职务便利，采取指使他人伪造住院病人病历、虚增住院病人医保用药、制作虚假购药发票等手段，骗取城乡居民基本医疗（原新型农村合作医疗）保险资金，数额特别巨大；赵某作为卫生院副院长，明知赵某泽采取上述手段骗取医保资金，仍在范县参合农民住院确认单、范县新型农村合作医疗住院补偿票据、范县城乡居民医疗保险住院补偿票据上签字，帮助赵某泽骗取医保资金，其行为均已构成贪污罪。在共同犯罪中，赵某泽系主犯；赵某系从犯，依法减轻处罚。赵某泽、赵某有坦白、部分赃款已追回等情节。据此，依法认定赵某泽、赵某犯贪污罪，判处赵某泽有期徒刑十年，并处罚金人民币五十万元；判处赵某有期徒刑三年，缓刑五年，并处罚金人民币十万元。赵某泽提出上诉。河南省濮阳市中级人民法院依法裁定，驳回上诉，维持原判。

【典型意义】

本案系卫生院院长利用职务便利伪造材料贪污医保基金的典型案例。根据《最高人民检察院法律政策研究室关于集体性质的乡镇卫生院院长利用职务之便收受他人财物的行为如何适用法律问题的答复》，经过乡镇政府或主管行政机关任命的乡镇卫生院院长，在依法从事本区域卫生工作的管理与业务技术指导，承担医疗预防保健服务工作等公务活动时，属于刑法第九十三条第二款规定的其他依照法律从事公务的人员。赵某泽与县医保局签订领办协议，领办卫生院并被任命为名誉院长，参与决策和管理，赵某被任命为副院长。领办后，卫生院保持公益性事业单位性质不变，所投入的资产为国有资产，所有权归国家，在县卫生局直接领导下，在卫生法律法规许可范围内，完成上级指令的公共卫生保障任务。赵某泽、赵某利用职务便利，侵吞、骗取医保基金，其行为已构成贪污罪。国家工作人员贪污医保基金等医疗领域腐败行为和违法违纪行为，不仅侵蚀党执政的政治根基，而且损害人民群众获得感、幸福感、安全感，应依法严肃惩处。

案例八

杨某侠贪污案

——利用报销审核职务便利贪污医保基金

【基本案情】

被告人杨某侠系湖南省洪江市某中心卫生院职工（集体职工）。2019 年初，杨某侠利用负责城乡居民医疗保险报销审核工作职务便利，从本院防疫专干处获取每月上报的本乡农村居民死亡人员名单信息，通过医保报销系统查询死亡人员本年度报销金额和剩余报销额度，根据余额确定准备套取的金额。随后，杨某侠找医院的临床医生开具相应金额的医疗处方，进行缴费操作、打印收费票据后，再在医院收费系统里进行退费冲账。因卫生院发票管理不规范，对已做退费处理的收费票据不需要进行作废登记，杨某侠将实际上已在医院收费系统退费的票据和医疗处方录入城乡居民医保报销补偿系统，自动生成可报销补偿金额后，杨某侠利用卫生院收费管理漏洞，从收费室收到的现金中拿出（领取）相应金额的报销补偿资金，据为己有。2019 年 1 月至 2021 年 4 月，杨某侠采取上述方式，套取 174 名已死亡人员城乡居民医保报销门诊费用共计 6 万余元。杨某侠已全额退赃。

【刑事诉讼过程】

湖南省洪江市人民检察院以杨某侠犯贪污罪提起公诉。洪江市人民法院经审理认为，杨某侠身为国家工作人员，利用职务便利，制作虚假的医保报销材料套取国家医保资金，据为己有，其行为已构成贪污罪。杨某侠在提起公诉前退缴全部违法所得，可从轻处罚。据此，依法认定杨某侠犯贪污罪，判处有期徒刑一年六个月，并处罚金人民币十万元。杨某侠提出上诉。湖南省怀化市中级人民法院依法裁定，驳回上诉，维持原判。

【典型意义】

本案系医保报销审核工作人员利用医保报销审核职务便利贪污医保基金的典型案例。杨某侠所在的洪江市某中心卫生院系差额拨款事业单位，杨某侠负责城乡居民医保报销审核，依法以国家工作人员论。杨某侠利用医保报销审核职务便利，制作虚假材料，套取已死亡人员城乡居民医保报销门诊费用，数额较大，其行为已构成贪污罪。杨某侠作案时间长达二年而未被发现，反映出部分医药机构及医保经办部门在医保基金使用、监督、审核工作中存在漏洞，暴露部分医保经办机构工作人员法律意识淡薄、职责权力边界认识不清。本案提示医保审核、监督等行政部门工作人员要审慎履职，切莫以身试法。

司法实务问题研究

交通肇事罪“逃逸”之体系解释

——对“附随义务说”之提倡

徐久生* 王梓蕲**

引 言

《最高人民法院关于审理交通肇事刑事案件具体应用法律若干问题的解释》（以下简称《审理交通肇事刑事案件解释》）第三条规定：“‘交通运输肇事后逃逸’，是指行为人具有本解释第二条第一款规定和第二款第（一）项至第（五）项规定的情形之一，在发生交通事故后，为逃避法律追究而逃跑的行为。”根据文义解释可知，《审理交通肇事刑事案件解释》认为交通肇事罪一级加重犯之成立应当以成立基本犯为前提，并且将“逃逸”解释为“为逃避法律追究而逃跑的行为”。根据《审理交通肇事刑事案件解释》的规定，对于交通肇事罪的适用所存在的困境在于，若将“逃逸”解释为“为逃避法律追究而逃跑的行为”，那么当行为人交通肇事致一人以上重伤，负事故全部或者主要责

* 中国政法大学教授。

** 中国政法大学中欧法学院刑法专业硕士研究生。

任，为逃避法律追究逃离事故现场后，因被害人得不到及时救治而死亡的是否可以单独成立“因逃逸致人死亡”。若按照《审理交通肇事刑事案件解释》规定，这种情形中，被害人的死亡系由于行为人的不救助行为而发生，但根据《审理交通肇事刑事案件解释》却不能对其进行归责，无疑是造成了处罚漏洞。实践中，法院多采取直接单独成立“因逃逸致人死亡”的方式来弥补该处罚漏洞。例如，浙江省衢州市中级人民法院在郑某交通肇事案中作出裁定：“浙江省常山县人民法院经审理认为，被告人郑某驾驶机动车违反交通运输管理法律、法规的行车规定，发生交通事故后未停车查看，救助伤员，而是驾车逃离现场，致使被害人因伤无法离开现场而被其他车辆碾压致死，其行为已经构成交通肇事罪。公诉机关指控罪名成立。遂以交通肇事罪判处被告人郑某有期徒刑七年三个月。衢州市中级人民法院经审理认为，通过运用生活常识对肇事车辆的车况和案发现场路况等客观因素的分析，结合被告人的事后反应等进行综合判断，应当认定其行为属于交通肇事后逃逸；侦查机关依据法定程序委托具有鉴定资质的鉴定机构出具的被害人死亡原因鉴定意见，与在案的其他客观证据相吻合，应当作为定案依据。原判认定事实正确，定罪、量刑均符合法律规定。相关上诉意见依据不足，不予采纳。故裁定驳回上诉，维持原判。”① 在该案中，常山县人民法院认为，“逃逸”的实质含义为“停车查看，救助伤员等防止法益侵害后果进一步扩大的行为附随义务”，并且其承认对第三档法定刑的独立适用。

综上所述，《审理交通肇事刑事案件解释》将交通肇事罪中“逃逸”之含义认定为“为逃避法律追究而逃跑的行为”，而在实践中，存在判决将“逃逸”解释为“逃避附随义务”，在理论界“逃避救助义务

① 参见浙江省衢州市中级人民法院（2016）浙 08 刑终 270 号裁定书。

说”又处于通说地位，因此，对“逃逸”认定的不统一，使得社会大众无法判断到底何种行为属于“逃逸”，从而极大地限制了公民的自由，有违罪刑法定原则。为避免因重复评价而造成的处罚漏洞，对于交通肇事罪“因逃逸致人死亡”的成立，在学界同样存在独立适用与作为第二档之结果加重犯加以适用的争论。因此，本文试图对交通肇事罪中作为法定刑升格条件之两处“逃逸”进行体系解释，以法秩序的统一性作为原理对“逃逸”之实质内涵进行再定义，从而解决《审理交通肇事刑事案件解释》适用之问题，进而判断交通肇事罪第三档法定刑适用条件之地位。

一、对交通肇事罪“逃逸”解释现有学说之评析

（一）“逃避法律追究说”

从《审理交通肇事刑事案件解释》第三条的规定可知，交通肇事罪一级加重犯构成要件中的“逃逸”，系在交通肇事罪基本犯成立之前提下，为逃避法律追究而逃跑的行为。但是，有学者认为，犯罪后为逃避法律追究而逃跑的行为不具有期待可能性，即行为人实施犯罪后逃离犯罪现场逃避法律追究并未超越司法活动所预设的内在障碍，并未增加客观公正办案难度；若认为“逃逸”为逃避法律追究，那么自首制度的设立对于该罪名便无法适用，动摇了刑法总则一般性原理的地位；为了维护刑法内部体系一致性，若将“逃逸”解释为以逃避法律追究的目的而逃跑的行为，那么刑法也应将“逃逸”规定为危害公共安全一章中其他罪名的法定刑升格条件；同样，对于交通肇事罪中规定的两阶法定刑升格条件之“逃逸”作相同解释便会得出被害人死亡应当归属于行为人以逃避法律追究目的逃跑的行为，由于行为人对于法律追究的逃避并不会对法益造成哪怕抽象的危险，因此，不能将被害人死亡结果

归属于行为人，处罚漏洞的存在显而易见。① 笔者认为，对于行为人交通肇事后因逃避法律追究而逃跑之行为，根据法益二元论，其并非侵害国家或社会利益之超个人法益，而根据法益一元论，逃避法律追究行为并非会导致归属于个人法益的利益受到侵害。

（二）“逃避救助义务说”

该说认为，为了使得“因逃逸致人死亡”该法定刑升格条件充分发挥其应有作用，应将导致被害人死亡之直接原因“逃逸”解释为逃避因先前肇事行为致被害人生命法益陷入危险所产生的救助义务。然而，根据《审理交通肇事刑事案件解释》的规定该理论依然存在问题。行为人具有作为义务的前提是尚未对被害人之生命法益造成实害，因此逃逸条款仅适用于存在待救助人的情形。如此认定使得逃逸条款仅适用于前置行为系《审理交通肇事刑事案件解释》第二条第一款第一项重伤情形以及第二款第一项至第五项之情形，并不能适用其他情形，这便会使得行为人构成基本犯是由于前述以外的情形时，不存在救助义务，因此，其逃离现场或言之逃避法律追究的行为便不受追究。假设对于交通肇事罪中作为法定刑升格条件之两处“逃逸”行为均以逃避救助义务来评价，那么刑法第一百三十三条第二阶法定刑便意味着虽然行为人逃逸，但被害人未死亡。《审理交通肇事刑事案件解释》第二条第一款第一项中将“死亡一人”与“重伤三人以上”并列明示，便意味着这两种结果在社会危害性上具有等价性，因此行为人“逃逸”后，对前者不以“逃逸”评价，对后者以“逃逸”评价，这显然不合理。有学者认为对于其他不能以“逃逸”来充分评价的情形可以通过“其他特别恶劣情节”这一规定来予以评价。但是根据《审理交通肇事刑事案

---

① 参见张明楷：《刑法学（下）》，法律出版社 2021 年版，第 207 页。

件解释》第四条的规定，若交通肇事基本犯以死亡一人，负事故全部或者主要责任而成立，其并非能够以具有“其他特别恶劣情形”来评价。在该情形下，况且行为人并无救助义务，因此不构成逃逸。综上所述，此种在法秩序内部相互矛盾的情形下功利地追求结果，无疑会产生同案不同判的情况，从而违背公平原则，侵犯被规范者对其违法行为的预见可能性。况且，对于交通肇事罪位于刑法之体系地位而言①，该罪之规范保护目的应系维护公共安全之利益，若将“逃逸”解释为逃避对于特定被害人之救助义务，则是将交通肇事罪保护的法益限定为特定个人之利益，造成体系混乱。因此，本文认为“逃避救助义务说”仍然是存在缺陷的。

（三）“逃避行为二分说”

另有观点认为，将逃逸认定为逃避救助义务存在问题。一方面，对“逃逸”作文义解释并非能够得出，当行为人不对被害人进行救助，但依然留在原地的情形属于“逃逸”的结论，即行为人留在原地的行为并非能够被“逃逸”具有的正常含义所包含。因此，将“逃逸”解释为逃避救助义务有违罪刑法定原则。另一方面，既然支持“逃避救助义务说”的学者认为交通肇事罪期待行为人不逃避法律追究与总则对于自首的规定相违背，那么这些学者应考虑到，当行为人在尚未造成法益侵害结果时，积极履行救助义务的行为实则系犯罪中止，作为一个与自首相似的优惠条件，法律不能期待欲实施犯罪的行为人主动中止犯罪，换言之，法律应当在行为人具有犯罪中止行为时对其进行处罚上的优惠，而非因为行为人未实施中止行为就加重对其的处罚。

通过对交通肇事罪的罪量分析，认为交通肇事罪之所以较其他安全

① 参见张明楷：《具体犯罪保护法益的确定依据》，载《法律科学（西北政法大学学报）》2023 年第 6 期。

事故类犯罪以及一般过失致人重伤或死亡之法定刑轻，是因为随着汽车时代的到来，交通肇事作为一种高发性犯罪与每个人的生活都息息相关而又难以避免，亦即交通肇事罪相对于其他安全事故犯罪等在社会中具有普遍性。"在几乎每一个公民都可以成为驾驶者的时代，立法可以推定每一个交通肇事者也是悲剧中受很多偶然因素左右而被卷入事故的被害人，而不能假定驾驶者都是对法规范漠视或不以为然的人性恶者。由此立法者对于交通肇事者给予了更为宽容的刑事处罚，这种宽容是基于对肇事者可能处于不可避免的偶然因素下而非故意行为的假设。因此，立法者有理由认为交通肇事者为表明自己是善意身份，便应当留在现场。当交通肇事者逃逸时，其便不再具有基于立法者给予的量刑降低之优惠（法定刑升格至三年以上七年以下）。"① 因此该观点认为，行为人漠视风险社会中的连带救助责任，进而脱离了立法者预设的"带有被害人性质的特殊行为人"的框架，这种表现形式既可以表现为不救助那些被害人，也可以表现为逃避法律追究承担自己的法律责任。在此意义上，只要行为人实施了履行抢救义务或者承担肇事责任中的任何一个行为，就应当认定其不符合"逃逸"的要求。②

对于上述的观点，笔者认为其前段表述具有合理之处，但其结论依然存在漏洞。例如，在行为人违反交通运输管理法规致三人重伤，但行为仍在原地不动，导致三人得不到救助从而死亡的情形中，根据该观点，行为人积极承担肇事责任，因此不成立逃逸，法定刑只能在三年以下。但事实上，行为人在其违反交通运输管理法规造成他人重伤后产生

① 车浩：《车浩的刑法题：北京大学法学院"刑法分论"考题解析》，北京大学出版社 2021 年版，第 207 页。

② 参见车浩：《车浩的刑法题：北京大学法学院"刑法分论"考题解析》，北京大学出版社 2021 年版，第 207 页。

了建立在禁止侵害他人基础上的产生于先前实施的危险行为的保证人义务，[①] 因此，应当将被害人之死亡结果归属于行为人。

二、“附随义务说”之提倡

由上文可知，目前所有关于如何认定“逃逸”之观点均略存不妥。“因为法律条文之规定，不是各个条文独立性的存在，也不是纷杂而无脉络可循，而是依据一定的逻辑架构，有系统与有脉络地规定。”[②] 因此本文试图对“逃逸”进行体系解释，对其内涵进行界定。

（一）规范意义上的“逃逸”

一个国家的法律体系是一个国家的各种法律规范的有机整体[③]，即指在一国存在的各个法域之规范及解释不相冲突、矛盾，即由宪法、民法、行政法、刑法等多个法域整合构建起系统化有机统一的法秩序中不存在矛盾。[④] 由于刑法具有最后性以及严厉性之特点，对于刑法在一国之法律体系中的地位存在不同观点。有学者支持从属性理论，认为刑法应当从属于其前置法，当前置法无法妥善保护社会契约下的公民之合法利益、无法维护社会秩序时，刑法才应当对行为人之违法行为进行责难，即刑法可被视为刑事法的前置罚责；而支持独立性理论的学者则持相反态度，认为刑法应当具有独立性。笔者认为，应当既承认刑法对于前置法的从属性，又肯定其作为一门独立的部门法并承揽独立的任务所具有的独立性。因此，在解释刑法内容时应当与前置法保持一致，继而

① 参见［德］汉斯·海因里希·耶塞克、托马斯·魏根特：《德国刑法教科书》，徐久生译，中国法制出版社2023年版，第841页。

② 王皇玉：《刑法总则》，我国台湾地区新学林出版股份有限公司2023年版，第96页。

③ 参见陈兴良：《刑法教义学中的体系解释》，载《法制与社会发展》2023年第3期。

④ 参见王昭武：《法秩序统一性视野下违法判断的相对性》，载《中外法学》2015年第1期。

在法秩序的统一性原理的指导下，对相同概念作相同解释。①

综上所述，应当对交通肇事罪中两处“逃逸”作相同解释，并且该解释不应与前置法之内容发生冲突。道路交通安全法第七十条第一款规定：“在道路上发生交通事故，车辆驾驶人应当立即停车，保护现场；造成人身伤亡的，车辆驾驶人应当立即抢救受伤人员，并迅速报告执勤的交通警察或者公安机关交通管理部门。因抢救受伤人员变动现场的，应当标明位置。”根据该规定可认为，第七十一条中所规定的“逃逸”系逃避上述义务。

（二）违法意义上的“逃逸”

存在论与目的论在对法秩序统一性的解读上，其意义存在一定程度上的不同。前者拘泥于法律条文的具体内容，关注法律体系内部的具体规范是否存在矛盾，后者更加重视法律条文背后的抽象价值，更关注法律条文背后的价值选择和各个法领域的目的实现是否存在矛盾。无论是从存在论的角度还是从目的论的角度解读法秩序的统一性，其目的都在于解决刑法与其他法领域之间的违法性判断问题。② 根据理论基础的不同，目前存在三种观点，以法秩序逻辑上统一为理论基础的严格的违法一元论，与以法秩序目的上统一为理论基础的违法相对论，以及将法秩序体系和目的相统一作为理论基础的缓和的违法一元论。③

为了维护公民的自由，防止因过度的实质解释侵害公民对自身行为合法性的预见可能性，维护有机统一的法秩序稳定，本文仍然坚持一元论观点，并结合刑法法益保护的规范保护目的，确保刑法的谦抑性，采

① 参见陈兴良：《刑法教义学中的体系解释》，载《法制与社会发展》2023 年第 3 期。

② 参见陈惜珍：《法秩序统一性视域下的违法性判断——以刑民交叉案件为切入点》，载《法学论坛》2022 年第 6 期。

③ 参见王志远、陈昊：《法秩序统一视域下侵犯著作权罪的罪质及展开》，载《烟台大学学报（哲学社会科学版）》2023 年第 4 期。

取缓和的违法一元论，即针对同一法律事实，对各部门法之间相同概念作字义上的相同解释，在承认违法判断统一性的基础上为满足行为之刑事可罚性而承认违法判断的相对性，从而对在字义上作相同解释的概念加以实质限制。

由于交通肇事罪规定在危害公共安全罪这一章中，因此为了保持刑法内部的体系性，该章节内每一个犯罪均应保护公共安全这一法益。[①]在实践当中，行为人交通肇事后逃逸后，由于缺乏足以引起人们注意之目标物，因此正常驾驶的一般人极有可能忽视躺在地上的被害人从而对被害人造成二次侵害，引发更为严重的交通事故，引起交通秩序混乱，进而造成更为严重的一系列衍生结果，侵犯公共法益。若行为人不履行道路交通安全法规定之行政义务，那么极大程度上会对公共法益产生排他性侵害，因此根据违法意义上的法秩序统一性原理，交通肇事行为人所要履行的义务并非仅限于对单一被害人的救助义务，应当包括防止危害公共法益发生或扩大的附随义务，否则立法者为何不将交通肇事罪规定于“侵犯公民人身权利、民主权利罪”一章中？由此可知，该前置法所规定的义务在某种情况下完全可以上升至刑法义务。因此，笔者根据上述观点，认为刑法第一百三十三条之“逃逸”应当与前置法作相同解释，将“逃逸”解释为当行为人实施交通肇事行为后，未采取前置法所规定的义务，从而具有产生进一步法益侵害后果之行为。本文之所以对于附随义务的履行进行风险提升的限制，系因为刑法的目的系保护法益，对于“逃逸”之解释不能超出刑法的规范保护目的，因此只有能够产生法益侵害后果，即具有与作为之法益侵害排他性存在等价性的消极不作为才能够被评价为“逃逸”，反之便没有必要通过升格法定

① 参见张明楷：《具体犯罪保护法益的确定依据》，载《法律科学（西北政法大学学报）》2023 年第 6 期。

刑来对该行为进行评价。①

然而，由于附随义务过于宽泛，社会情况过于复杂，单纯以事后的眼光来评价当时的行为会侵害被规范者的预见可能性。因此，本文将参照不能犯认定标准之具体危险说来对该学说之迫使义务履行类别进行限制。具体危险说认为，对于行为人能否成立不能犯之判断资料应当来源于一般人可能认识到的事实以及行为人特别认识到的事实，为了不过分侵犯行为人个人权利，回溯行为发生的时间点，按照一般人的立场，考虑行为人基于当时的事实能否实施符合构成要件的行为，若能够肯定当时具有结果发生的危险则成立未遂犯，反之则成立不能犯。② 之所以与之类比，笔者认为不能犯与未遂的区别系是否对造成法益侵害具有现实紧迫的危险，这正如交通肇事后所产生的附随义务，有的附随义务并不能对法益侵害进一步扩大具有现实紧迫危险，而有的附随义务具有对法益侵害进一步扩大的现实紧迫危险。因此，只有在结合一般人标准与行为人标准进行综合判断时，才能够有效避免公共法益侵害的进一步扩大，避免扩大对行为人不公平的处罚，违反罪责刑相适应原则，侵犯被规范者的预见可能性。

综上所述，应当将“逃逸”解释为逃避若不履行便会对公共安全造成二次侵害的附随义务。

三、“附随义务说”之合理性检验

（一）交通肇事罪内部之行为结构厘清

1. 交通肇事罪中两处“逃逸”应作相同解释

由于刑法第一百三十三条规定之交通肇事罪中后两阶法定刑均规定

① 参见张梓弦：《不作为犯等价性要件的学理检视》，载《中外法学》2022 年第 5 期。

② 参见张梓弦：《不能犯论的日本路径及其借鉴意义》，载《比较法研究》2019 年第 1 期。

了“逃逸”的字样，对于该罪中两处“逃逸”是否应作相同解释，各方学者持有不同观点。

有学者认为，应当将两处“逃逸”均解释为逃避法律追究，如此认定则会将被害人死亡的结果归于行为人逃避法律追究的行为，由于逃避法律追究并未实质侵犯法益，因此笔者对此持否定态度。

另有学者认为，法律追究为交通肇事罪之规范保护目的，却为达到独立适用“因逃逸致人死亡”的目的将履行救助义务作为第三阶法定刑升格条件中“逃逸”之认定，[①] 这样的做法不合理。若“因逃逸致人死亡”的适用不受前行为“交通肇事罪”的约束，其独立适用与将“因逃逸致人死亡”作为新罪定罪量刑具有等价性，只不过是“伪装”于交通肇事罪之下而已。根据法秩序统一原理，为保持刑法内部体系一致性，刑法之所以将两处“逃逸”规定于同一构成要件内，那么一致性解释便是罪刑法定原则的应有之义。[②]

还有学者将第二阶法定刑中的“逃逸”解释为逃避救助义务导致交通肇事基本犯中的被害人死亡，将第三阶法定刑中的“逃逸”解释为因逃跑行为导致新的被害人死亡。[③] 据此观点，本文可由该学者对于第二阶法定刑中“逃逸”之解释得出其认为交通肇事罪之规范保护目的为逃避救助义务，而第三阶法定刑中“逃逸”之解释得出其认为交通肇事罪之规范保护目的又变成了“逃避法律追究说”，由上文可知同一法律规范中存在两个规范保护目的是否合理，本文对此持否定意见；况且，若认为行为人之逃逸行为造成独立于成立交通肇事基本犯之外的新的法益侵害，那么会导致判决违反罪责刑相适应原则，例如行为人逃

① 参见侯国云：《论交通肇事后逃逸》，载《法制与社会发展》2003年第2期。

② 参见范贤毓：《独立适用因逃逸致人死亡的司法纠偏》，载《西部学刊》2023年第8期。

③ 参见冯亚东、李侠：《对交通肇事罪“逃逸”条款的解析》，载《中国刑事法杂志》2010年第2期。

逸行为引发爆炸，却将行为人以交通肇事罪第三阶法定刑予以处罚七至十五年，显然违背罪责刑相适应原则。

按照本文所支持的“附随义务说”，将交通肇事罪中作为法定刑升格条件之两处“逃逸”解释为逃避若不履行便会对公共安全造成二次侵害的附随义务，逃避附随义务能够直接侵害实质法益，因此不会出现上述结果归属困难之问题。并且，对作为交通肇事罪法定刑升格条件之两处“逃逸”作相同解释不会出现一罪名存在多种规范保护目的之情形，有利于确保各罪功能，防止处罚范围过宽。因此本文认为，为使得刑法内部整体相互协调、坚持法秩序统一原理，应遵守解释学基本原理之相同法律概念作相同解释原则，应对两处“逃逸”作相同解释。

2. 对于“因逃逸致人死亡”认定以成立基本犯为前提

目前，我国刑法学界和司法实践中大多认为，成立“因逃逸致人死亡”而独立适用交通肇事罪第三档法定刑之原因有两点。其一，若肯定对其适用独立性便可以有效解决《审理交通肇事刑事案件解释》第二条第二款第六项交通肇事致一人重伤后逃逸致人死亡，为避免重复评价而仅成立交通肇事罪基本犯的处罚不均之情形①；其二，我国不承认行为人以过失之主观故意实施基本犯行为，而对加重结果持故意心态②。

（1）对独立适用“因逃逸致人死亡”之否定。无论学界抑或是司法实践中，承认“因逃逸致人死亡”之独立性的根本目的是解决《审理交通肇事刑事案件解释》第二条第二款第六项带来的适用困难以及解释困难。当行为人交通肇事致一人重伤后逃逸导致被害人得不到救助而死亡时，单独适用“因逃逸致人死亡”确实具有有效防止重复评价

① 参见李会彬：《“因逃逸致人死亡”情节的独立性解读》，载《政治与法律》2014年第8期。

② 参见于改之、王广利：《交通肇事“逃逸”的规范内涵及其适用》，载《山东法官培训学院学报》2020年第1期。

的作用。

有学者认为，如此认定存在扩大处罚范围之嫌。例如，行为人交通肇事致一人重伤后逃逸，并非负事故主要责任，而仅负事故次要责任或者根本不负责任，但该情形之下认为行为人适用交通肇事罪第三阶法定刑予以评价不合理。其原因为，由行为人负次要责任或全部责任推知被害人负事故主要责任或不负责任，成立被害人自我答责，因此只要存在行为人违反前置法，被害人因得不到救助而直接实现死亡结果就对其适用第三阶法定刑必然是不当扩大了处罚范围。① 笔者虽赞同独立性之否定结论，但认为该逻辑合理性存在疑问，《审理交通肇事刑事案件解释》明确将行为人负事故主要或全部责任加以规定就是为了肯定后续层级的法定刑适用必须要以成立基本犯为前提。前述观点之语境与“因逃逸致人死亡”之独立适用语境显然不同，前者是认为行为人在完全不可能构成基本犯时便可以独立适用第三阶法定刑，而后者是为了避免在行为人能够成立基本犯之情形下出现重复评价的嫌疑，仅为对死亡结果进行归责而提出的观点。

根据笔者观点，认为交通肇事罪之保护法益实为公共安全，将该罪中两阶法定刑升格条件中的“逃逸”解释为“修正的附随义务”实则也是为了保护公共安全。详言之，当行为人违反交通运输管理法规，因而发生重大事故，且负事故的主要责任或全部责任时，其便因其肇事行为产生了对公共安全法益进一步侵害的阻止义务，系属于一连续行为，不应将其中断，因此若要适用该罪第三档法定刑对行为人进行责难，便应当以基本犯成立为前提。对于“因逃逸致人死亡”独立性的否认，笔者认为，不能为满足因无法解释《审理交通肇事刑事案件解释》中选项之一而改变原则性规定。对于死亡结果的归属，本文认为可以引入

① 参见范贤毓：《独立适用因逃逸致人死亡的司法纠偏》，载《西部学刊》2023年第8期。

犯意转化理论，认为行为人在被害人重伤以后犯罪意图发生转化，由致人重伤的过失转化为以不作为的方式致人死亡的故意，因此可以直接以故意杀人罪进行评价，且不违反罪责刑相适应原则。

（2）“因逃逸致人死亡”系“交通肇事后逃逸”之结果加重犯。结果加重犯是指，法律规定的一个犯罪行为（基本犯罪），由于发生了严重结果而加重其法定刑的情况。首先，应当区分“因逃逸致人死亡”是交通肇事基本犯的结果加重犯还是“交通肇事后逃逸”的结果加重犯。按照笔者观点，应当对“逃逸”作出统一认定，即将“交通肇事后逃逸”与“因逃逸致人死亡”中的“逃逸”均解释为“逃避附随义务”，因此，被害人的死亡结果与行为人逃避附随义务的不作为具有高度关联性，即被害人死亡结果系逃逸行为的高度危险的直接现实化，“因逃逸致人死亡”应当为后者的结果加重犯。但上文提到，我国并不承认基本犯为过失、结果加重犯为故意之情形。笔者认为，从理论上讲，并无理由认为基本犯罪一定为故意犯罪。况且，从我国刑法具体规定来看，第一百三十二条铁路运营安全事故罪便为基本犯为过失但加重结果可能为故意的结果加重犯。换个角度，行为人在繁华地段实施交通肇事后逃逸，行为人认为必然会有热心市民进行救助，并且按照社会一般观念，也一定会有热心市民对其进行救助，然而最后事与愿违，仅能认定行为人对被害人死亡结果为过失。因此，应当肯定第二阶、第三阶法定刑升格条件间之结果加重犯的关系。

（二）“修正的附随义务说”于刑法条文与《审理交通肇事刑事案件解释》间之适用

目前，对于“逃逸”之解释性问题大致可以归于两类：其一，“逃避法律追究说”存在交通肇事罪第二阶、第三阶法定刑升格条件衔接困难之问题。其二，“逃避救助义务说”存在处罚《审理交通肇事刑事案件解释》规定之重伤以外情形的漏洞，并且对于包括《审理交通肇事刑事案件解释》第二条第二款第六项之规定也解释为逃逸会造成重复评价的结果。然而，“修正的附随义务说”可以很好地规避上述两问题。

对于第一个问题，上文提到刑法的目的是保护法益，单纯逃避法律追究的行为无法对应受刑法保护之法益造成实质性侵害，因此，笔者认为“逃避法律追究说”之学说仅将眼光聚焦于对规范的维护而忽略了对法益的保护，这显然是违法一元论的观点。由于本文立足于缓和的违法一元论，因此对于刑法规制行为之认定必然需要融入法益的考量，而“修正的附随义务说”便可很好地规避“逃避法律追究说”法益无涉之漏洞。此外，“修正的附随义务说”不存在刑法内部规范冲突之问题（成立自首），将义务的不履行加以“紧迫危险”之限便能够将非法益侵害之义务违反排除在外，因此，便不会出现既希望行为人积极承担法律义务又对于自觉遵守法律义务之行为人予以苛责之冲突。

对于第二个问题，当肇事现场存在需要救助的人时，那么行为人的附随义务便为救助被害人，继而该情形具有成立因逃逸致人死亡之余地。当肇事现场不存在需要救助的人时，逃逸便可解释为立刻停车、保护现场等防止法益侵害后果进一步扩大的行为，避免造成上述所提及的处罚不均衡之问题（处罚重伤三人的逃逸，而不处罚死亡一人的逃逸），“因逃逸致人死亡”这一条款完全可以不再加以适用。例如，以基本犯成立标准中同等社会危害性的死亡一人与重伤三人相比，“因逃逸致人死亡”得到适用时的危害结果一定大于死亡一人，因此确有必要升格法定刑。只有当逃避附随义务与危害后果的扩大具有直接危险现实化的关系时，才可以将新的死亡结果归属于“逃逸”，从而升格法定刑。当行为人未履行附随义务导致产生足以严重危害公共安全之程度时，便可直接用以危险方法危害公共安全罪进行评价。此外，在行为人交通肇事致一人重伤且负事故主要责任或全部责任的情形中，若认为《审理交通肇事刑事案件解释》第二条第二款第六项之实质为逃避救助义务，那么在“逃避救助义务说”之下必然会造成重复评价的情况。对于该规定本文作如下理解：该款中第一项至第五项之规定均为行为人事前即存在增加危险发生的行为，即该行为增加了交通肇事行为的不法性，因此将重伤一人之情形评价为基本犯。笔者认为对于第六项的规定应与前五项在实质上作同类解释，解释为“因逃避其他法律追究而逃跑的”，该解释将第六项规定同前五项一致，即在事故发生前便已经具有发生事故的极大风险（犯罪后的人为逃避法律追究而实施的行为一定是极为激进的），且不违反文义解释的规定。

最新法律文件解读丛书

稿　　约

最新法律文件解读丛书是一套以为最新法律规范提供同步“解读”为主的系列丛书，分为刑事、民事、商事、行政与执行4个分册，按月出版。

本丛书以“解读”为重点，突出全、专、新、快、准等特点，通过对最新出台的法律、法规、司法解释、部门规章以及重要地方性法规进行同步动态解读，弥补了法律、法规、司法解释汇编类出版物没有同步阐释、解读内容的不足，为广大读者学习理解最新法律规范，正确贯彻执行法律文件，及时解决实践中的新情况、新问题，提供一个全方位、多层面的法律信息平台。

欢迎您向以下栏目赐稿：

【最新法律文件解读】主要是对最新颁行的法律文件进行解读，帮助司法和执法人员正确理解法律文件的立法背景、意义、重点内容、在适用中应注意的问题、与相关法律文件的衔接与互动关系等。

【司法实务问题研究】主要刊登对司法理论、实务及司法管理工作中的热点、疑难问题进行研究及评论的文章。

【新类型疑难案例选评】主要是对司法和行政执法实践中具有典型性和代表性的疑难案例，结合具体案情以及审理或处理结果进行简练精辟的点评，解析认识问题的方法、处理问题的法律依据和在个案中的具体适用。

【法学前沿与新视点】以摘要的形式刊登相关法学理论研究的最新动态及具有代表性和典型性的前沿问题，扩展法学研究的深度和广度。

【法律适用问题解答】主要针对司法和行政执法实践中面临的新问题、热点问题、疑难问题进行简要的解答，指出涉及的法律关系，明确法律适用依据。

稿件一经刊用即付稿酬，稿酬从优。

《刑事法律文件解读》　杨晓燕　邮箱：5184621@qq.com

《民事法律文件解读》　杨　洁　邮箱：1216921515@qq.com

《商事法律文件解读》　路建华　邮箱：shangshijiedu@126.com

《行政与执行法律文件解读》　赵杰琼　邮箱：1092123089@qq.com

人民法院出版社

最新法律文件解读丛书编辑部